Manga Golf Approach

SHINSEI Health and Sports

マンガ ゴルフ アプローチ職人

日本プロゴルフ協会会員
FLAGS GoLF SCHOOL 最高執行責任者
新井真一 監修
Arai Shinichi

新星出版社

CONTENTS

Chapter 1

シングルへの最短距離！「アプローチの基本」をマスターしよう!!

Chapter 2

Chapter 3

CONTENTS

Staff

マンガ
原　作　権藤 海裕（Les Ateliers）
作　画　村上 サトル
本文
デザイン　LA Associates
イラスト　山田 達彦（匠工房）
写　真　LA Associates
編　　集　権藤 海裕（Les Ateliers）

Chapter 1

シングルへの最短距離！

「アプローチの基本」をマスターしよう!!

【登場人物紹介】

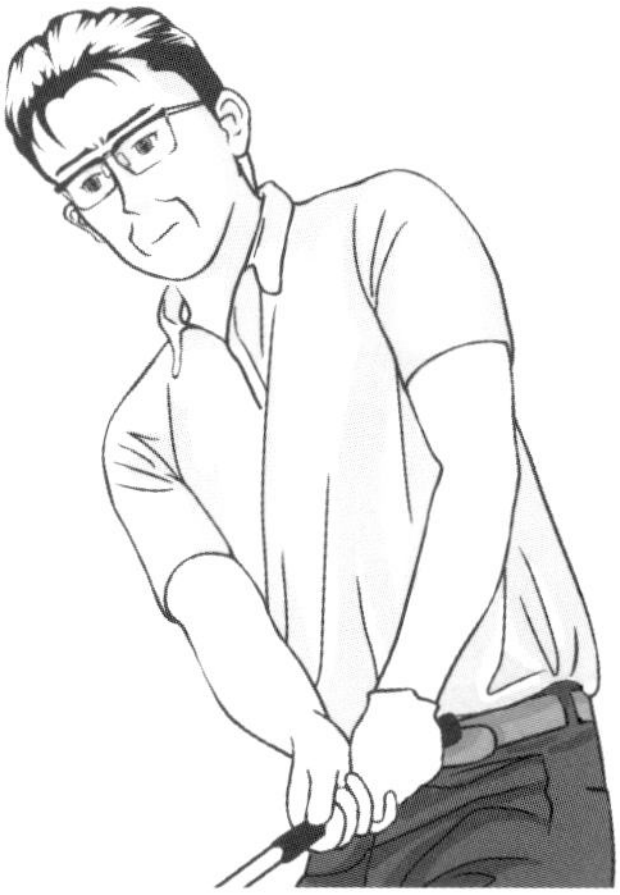

○×商事　営業部次長

佐藤 直道（52歳）

ゴルフ歴8年。入社と同時に営業部に配属され、管理職になり必要にかられてゴルフを始める。年に数回ラウンドしているものの、練習はラウンド前週に行う程度。アベレージは90台後半。ベストスコアは91。80台に近づけたこともあり、このところゴルフに積極的になってきた。

○×商事　営業部

石川 遼太郎（26歳）

佐藤の部下。中学のときにゴルフを始めゴルフ歴11年。大学時代もゴルフサークルに所属。中学時代よりレッスンを受けていることもあり、新井を師と仰ぐ。ベストスコ70。アベレージ78のシングルプレーヤー。

○×商事　営業部事務

坂下 知恵（24歳）

佐藤と石川の部下。2ヶ月前にゴルフを始め、会社帰りに週1回、屋内レッスンに通っている。ラウンド経験がないため、ベストスコアもアベレージも不明。

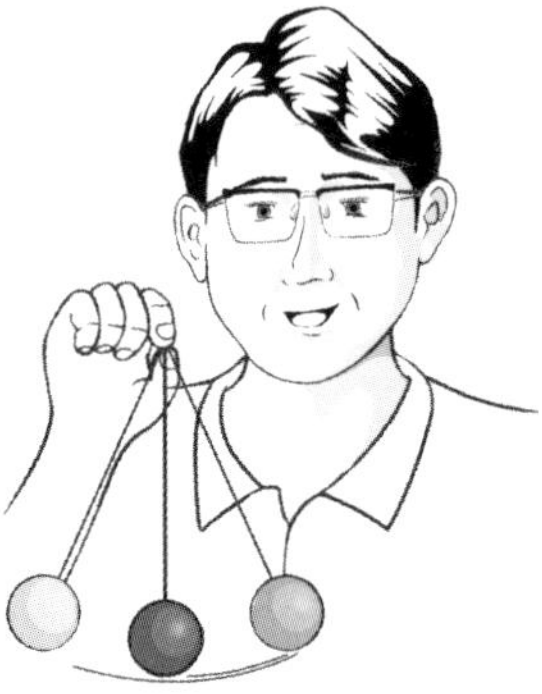

プロゴルファー

新井 真一（56歳）

FLAGS GOLF SCHOOL最高執行責任者。日本プロゴルフ協会会員。日本大学ゴルフ部出身。国内ツアーハーフ最小スコア28の記録保持者。石川が中学生の頃からレッスンを受けている。

PROLOGUE ①
2パット圏内に寄せられたら自己ベスト更新!
人生初の80台だっ
○月×日（日）コンペ最終ホール
13 14 15 16 17 18 IN TOT
4 4 4 3 4 5 36 72
292 339 427 140 334 497 3024 5982
4 4 4 3 4 5
17 11 7 14 16 1
6 5 5 4 5 9 49 92
6 6 5 5 4 5 9 49 92
6 6 6 3 5 6
6 4 4 6 3 5 6
6 4 4 6 4 4 5
4 5 5 5 4 4 5
5 5 6 5 3 4 5
ポロッ
ガックリ
ゔっ

翌日、会社にて
佐藤さん!昨日のコンペだったよね?
で、スコアは?
き、来たな……
最終ホールまでは自己ベストだったんだけどね……
いやあ～
最後に大叩きして
先週、練習場ではあんなに調子よかったじゃないですかぁ
パシッ
佐藤の部下・石川

ショットは全部安定してたんだけどショートゲームがねぇ……
最終ホールでザックリの後にホームラン最後に3パット……
ショートゲームでやっちゃうとスコアまとまらないですよね
じゃ、今週の土曜日一緒に練習場行きましょうか?
確かに……でも、アプローチってどうやって練習すればいいんだ?
ほ ホントかっ
頼むっ!!

土曜日、練習場2階打席
アプローチって言っても要はハーフスイングと同じなんです
でもきちっと打たないとなんかもったい気が
最初は打たなければいいんですよ
えっ打たないの？
普通はフルスイングだから自然に打てるんですけど、ハーフスイングにすると一気にぎこちないスイングになっちゃうんです
手打ち
スエー
なるほど…

だから、最初はゴム打ちで自然な体の動きに慣れておくといいんです
ヘッドがひざくらいの高さの振り幅で
パキーン
戻すときも当てるのが大切なんです
パキーン
戻すときも当てるのか？

やってみると
なかなか難しいもんだな……
簡単そうに見えたんだけどな……
あ゛
スカッ
戻すときに当てるのが
どうも難しいなぁ～
じゃあ
最初に片手ずつ
正しい動きを確認
してみましょう
最初に左手だけで
「ぶらーん」と
次は右手だけ
こっちの方が
難しいんじゃ
ないですか？

慣れてきたらスイングの動きがよくなるのはわかるんだけどでも、なんで戻すときも当てるんだ?

一方向だけのスイングだと上体が突っ込んだり「手打ち」になりやすいんです左右の手の関係を変えずに股関節をやわらかく使うことで自然に重心移動ができてリズムよく左右に振れるようになるんです
NG
突っ込み
正しい重心移動

だから
まずボールを
「打ちにいく感覚」
をなくすことが大切
なんです
えっ
打っちゃいけないの？
インパクトの強さを
手もとで調整しようと
するから安定しなくなる
んです
突っ込み
手打ち
スエー
すくい打ち
インパクトの強さは
振り幅で調整すれば
いいんです
パターも
そうですよね？
なるほど
振り幅か……

振り幅を広げれば ヘッドスピードが速くなるぶん インパクトも強くなりますよね
僕の師匠は 「ぶらーん ぶらーん」 って「振り子」みたいな イメージで体を使って スイングするといい って言ってます
ほぅ 「ぶらーんスイング」 ってところか……
もしボールなら ヘッドに当たる ってことだな…
これが打ちに 行っちゃダメ ってことか

「ぶらーん」「ぶらーん」っと……
パキーン
パキーン
佐藤次長！だいぶ自然に当たるようになってきましたね……
じゃあ、少し振り幅を広げてみましょう
今度は腰から腰の高さまで
振り幅を広げると小さいときよりも少しやりやすくなったような気がするな……
パキーン
パキーン

左腕が水平になる胸～胸くらいの振り幅でいいかな…
じゃあもう少し振り幅を広げてみましょう
パサーッ
だいぶ、普通のショットに近づいてきたな……
パサーッ
振り幅をもっと広げるとフルスイングになるんです

そろそろ
ボールを打って
みましょうか
パシッ
あっ！
よしっ
ひざの
振り幅から
っと
ボールを置いた
瞬間にフォームが
変わっちゃってますよ
ボールを
意識
しないで！
ゴムティを打つ
つもりでスイング
しましょう
そ、
そうか…？

今までやってきた
ぶらーんスイングを
思い出しましょう
あっ
NG
突っ込み
ガッ!!
スカッ
うっ
NG
体の開き
おっ
NG
手打ち

打ちに行っちゃ
ダメですよ
インパクトの強さは
振り幅で調整してますから
でも、なんか
ぎくしゃく
するんだよな…
うーん……
確かに
ちょっと手打ちに
なっちゃってるんで
少しスタンスを狭く
してみましょう
スタンスを狭めることで
体がブレにくく
なるぶん
手打ちになりにくく
なるんです
なるほど！

だいぶよくなりましたね
もう少し
下半身をリラックス
させましょう
今度は体が回りすぎて
開いちゃうな……
ゴム打ちのときを
思い出しましょう
小さなスイングでも
体幹が使えていれば
重心は自然に移動するから
意識しなくていいですよ
バックスイング
フォロースルー
それじゃぁ
足は意識しなくて
いいってことか…

こうか…？
ぶらーん
ぶらーん
……っと
いいですね
この感覚をおぼえておいてくださいね
よしっ
さっきと同じくらいかな
インパクトも安定してきたので
スイングの幅をもう少し広げてみましょうか
じゃ今度は
腰〜腰の高さでっと
もう少し振り幅を広げてみましょう

じゃあ 最後に
胸～胸の振り幅で
サシャッ
もし 体が回りすぎ
ちゃうようなら
スタンスをもう少し
広げましょうか
じゃ このくらいにして
スッ
パキーン
これでアプローチも
完成ですねっ!!

これで完成ってなんかピンと来ないなー
あとはクラブを替えるだけでいいんです
とりあえず8番、9番、PW（48°）、SW（54°）の4本の飛び方をおぼえておけば十分です
スッ
4本のクラブで3つの振り幅だから飛距離は12通りってことか……
じゃ距離感や転がり方をつかむために1階に行きましょう
非常口

練習場 1階
50
100
130
150
130
100
50
10

ロフトによってキャリーとランの比率が変わるんですけど、まず最初にどれくらいの振り幅でどれくらい飛ぶかを確認しましょう
キャリー　ラン
← 飛距離 →

じゃあ最初に８番アイアンから確認してみよう
コツン
ひざ～ひざの振り幅だと約30ヤードかな
50
大体、キャリー１に対してラン３くらいの割合ですね
1
3
じゃ 今度は腰～腰まで振り幅を広げてみよう
50
ストン

飛距離50ヤードでキャリーとランの比率はほぼ同じですね
差がわかるように次はSWでやってみましょう
S
大体、8番アイアンの半分くらいですね……
ひざ~ひざで飛距離が約15ヤードキャリーとランの比率は2対1くらいってところですね
2
1
ロフトが大きくなると
フェースに乗る時間も増えるから高く上がってスピン量も増えてあまり転がらなくなるんです
ふむふむ……

PW（48°）
じゃあ、今度はＰＷで腰〜腰の振り幅で
パキーン
30ヤードくらいかな
ピタッ
50
フワッ
キャリーとランの比率は1：1くらいですね
振り幅を変えても比率はほぼ同じになるんです

飛距離と飛び方はこれくらいだと思いますけど個人差もあるからチェックしておくといいですよ
確かにこうやってまとめておけば状況に応じてこれを使い分けられれば簡単そうだね……

クラブ	振り幅	
	ひざ〜ひざ	腰〜腰
8I	キャリー:ラン　1:3	
	30y	50y
9I	キャリー:ラン　1:2	
	25y	40y
48°	キャリー:ラン　1:1	
	20y	30y
54°	キャリー:ラン　2:1	
	15y	20y
58°	キャリー:ラン　3:1	
	10y	15y

じゃあ来週あたりにショートコースに行って試してみましょう

Chapter 1

アプローチ技術の向上がスコアアップに直結する

●カップインから逆算したときに、もっとも重要になるのがアプローチショットになる

ゴルフでは、300ヤードのビッグドライブもたった5センチのパットも同じ1打とカウントされます。そんなルールのもとにスコアメイクを考えるときに、**カップインから逆算**することで**今までよりスコアがまとまる**ようになります。

まずスコアをよくするために必要なのが大叩きをしないことです。たとえば、「80台で回りたい」、「シングルプレーヤーになりたい」と考えている上級者の場合、**ダブルボギーを叩かないことが大切**です。ましてや、トリプルボギーなどはもってのほかです。

ある程度ゴルフ経験があり、ショットが打てる方が大叩きしてしまう原因は、

①OBや池ポチャ、アンプレイヤブルなどのペナルティ

②グリーン周りからの往復ビンタ

③3打以上のパッティング
のいずれかに当てはまるのではないでしょうか。

①のペナルティに関しては、そのコースをどう攻略していくかを考え、もっとも**安全かつ効率的なコースマネジメント**を考えていくことで解消されます。

②のアプローチのミスショットに関しても、第2打目のミスショットで難しいショットを強いられているケースが多いため、**正しいコースマネジメントをすることで、難しい状況からのショットを半減する**ことができます。また、アプローチ技術を磨くことで、しっかりピンに寄せることができるようになります。

③に関しても、打ちやすいところに乗せることで、**つねに2パット以内のゴルフ**ができるようになるのです。

これらすべてのケースに共通しているのは、もしアプローチでかならず2パット圏内に寄せる自信があれば問題が解決できるということです。カップから逆算していくことで、コースマネジメントの幅が広がり、それによって難しいショットを打つ必要もなくなるため、プレッシャーからも解放されます。その結果、スコアもまとまるようになります。

アプローチが上達することで得られるメリット

アプローチに自信が持てるようになると……

- **スコアがまとまる！**
- **コースマネジメントの幅が広がる！**
- **他のショットが楽に打てる！**

●アプローチに自信が持てれば、すべてのショットが楽になる

スコアをまとめるためのコースマネジメントをしていくうえで、もっとも大切なのがアプローチの技術です。パー4の第2打やパー5の第3打において、無理にグリーンを狙わない代わりに確実に寄せるために必要なのがアプローチです。実はこれは**もっとも理にかなった戦術**なのです。

パターやショットは非常に調子の波が大きく、コースの状況、体調、メンタルなどに左右されます。ショットは、風の影響を受けたり、体のコンディションや精神状態などによって、上手い人でも乱れることがあります。また、パターも同様で、メンタルなどの理由で上手い人でも入らないケースは少なくありません。

それに比べて**アプローチは、一度、技術を身につけてしまうとブレが少ない**ため、スコアに大きな影響を及ぼしません。たとえば、ショートアプローチで調子が悪い日に1～2ｍのズレが生じたとしても、スコアメイクの上での影響はそれほどないのが特徴です。

アプローチの技術というと難しく感じるかも知れませんが、上手い人はそれほどさまざまなショットをしているわけではありません。**アプローチの基本は、「上げる」か「転がす」かの2つ**です。そのなかで、クラブを替えたり、ちょっと重心の位置を変えることでさまざまなボールを打ち分けることができるのです。

Chapter 1

アプローチもフルスイングも基本は同じ

●アプローチは決して特別なショットではない

アプローチと言えば、ピンから100ヤード以内の**フルスイングではないショット**です。なかでも、**ミスが多く見られるのが、ボールを上げようとしたときの動き**です。わざわざ上げる意識をしなくても、普通にスイングすれば、ボールが上がるスイングになっているにもかかわらず、自分で何とかしたくなってしまうのです。

中上級者であれば、ミドルホールならグリーンに乗せるまで3打以内、グリーンに乗ってから2打以内を目標にダブルボギーをなくすことでスコアがまとまります。これを言い換えれば、アプローチに自信さえ持てれば、ティショットでリスクの高いロングドライブを狙

上げたい気持ちから起こるNGスイング

NG 体が開く

NG すくい打ち

NG 手打ち

わなくてもよくなります。
そのためにもっとも大切なのが、たとえ小さなスイングであっても、感覚に頼った複雑な動作をなるべくしないこと。**スイングはとにかくシンプルにすること**です。

●自分から見たときに、まっすぐにヘッドが移動する体の正面の「ストレートゾーン」を意識する

クラブの重さを利用してスイングすれば、インパクトゾーンでは、クラブはほぼまっすぐに移動します。そして、インパクトゾーンの手前と先でクラブは地面から離れていきます。

具体的な**インパクトゾーンは、自分の体の中心から左右に約45度の間**となります。クラブが長くなるほどボールの位置が体から遠くなり、インパクトゾーンも長くなります。

インパクトゾーンの振り幅は、手もとが体の幅に収まる

インパクトでクラブが通過するインパクトゾーン

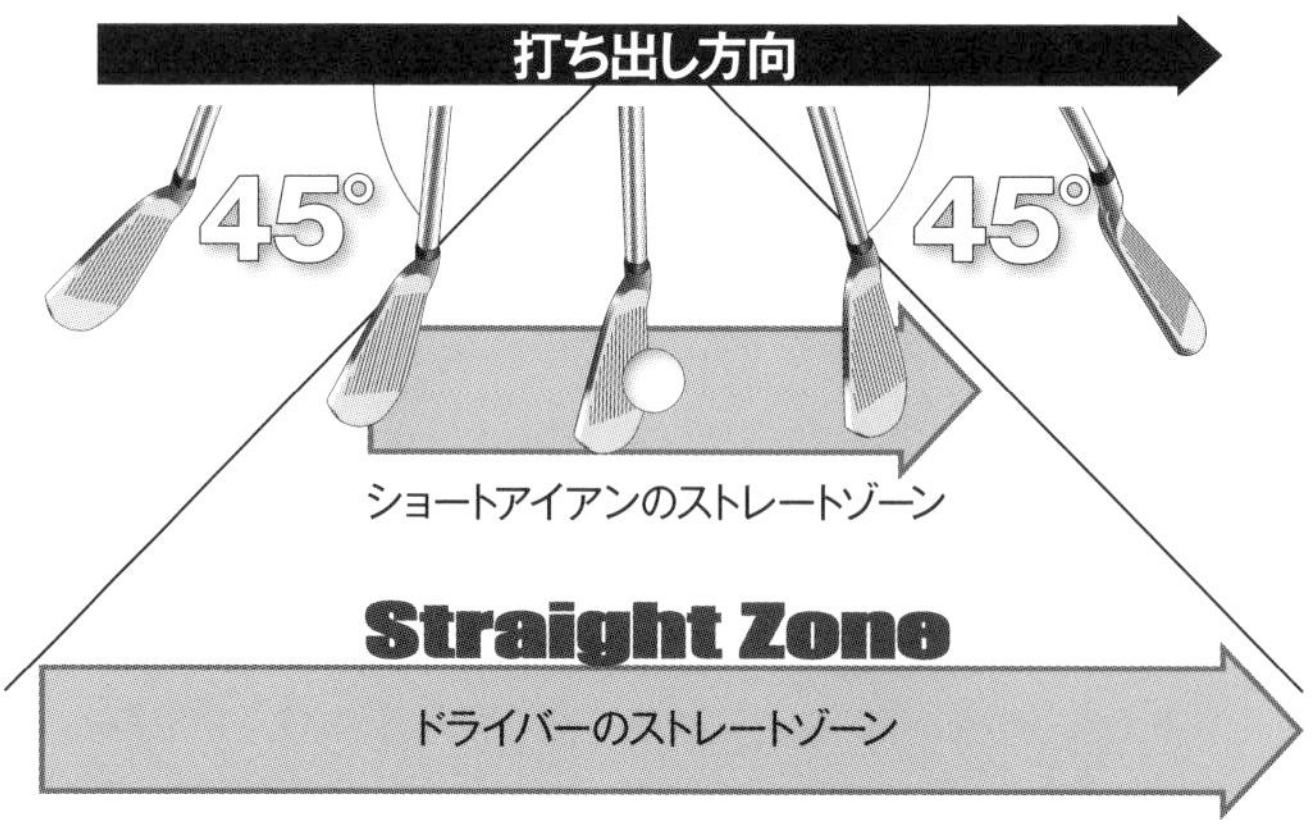

程度と考えるといいでしょう。この幅より大きくスイングするにつれて、徐々にヘッドが高い位置に上がっていきます。つまり、**インパクトゾーンの延長線上にスイングがある**のです。

インパクトを点で捕らえてしまうと、どうしてもボールに当てにいく動きが入ってしまいます。**いかに自然にインパクトゾーンにクラブを通過させるかがスイングの安定性につながります。**

まず最初に、正しく自然なスイングを身につけましょう。

●スタンスを狭めることで小さな動作でも自然に体重移動できる

ボールを上げるための「ハーフショット」は、基本的に通常のスイングと同じです。アプローチの際にひとつ変えた方がいいのが**スタンスの幅**です。

ハーフショットは、フルスイングに比べて振り幅が小さくなります。しかし、小さな振り幅でも小さな重心移動をする必要があります。フルスイングのときと同じスタンスだと、股関節を小さく回転しにくくなるため、スタンスを狭めて立つのがアプローチの基本です。

ショットのときと同じスタンスで立ってしまうと、重心移動のない「手打ち」になってしまうので注意しましょう。

NG

振り幅が小さくなると重心移動のない手先を使ったスイングになりやすいので注意しよう

通常のアイアンショットのスタンス

アプローチショットのスタンス

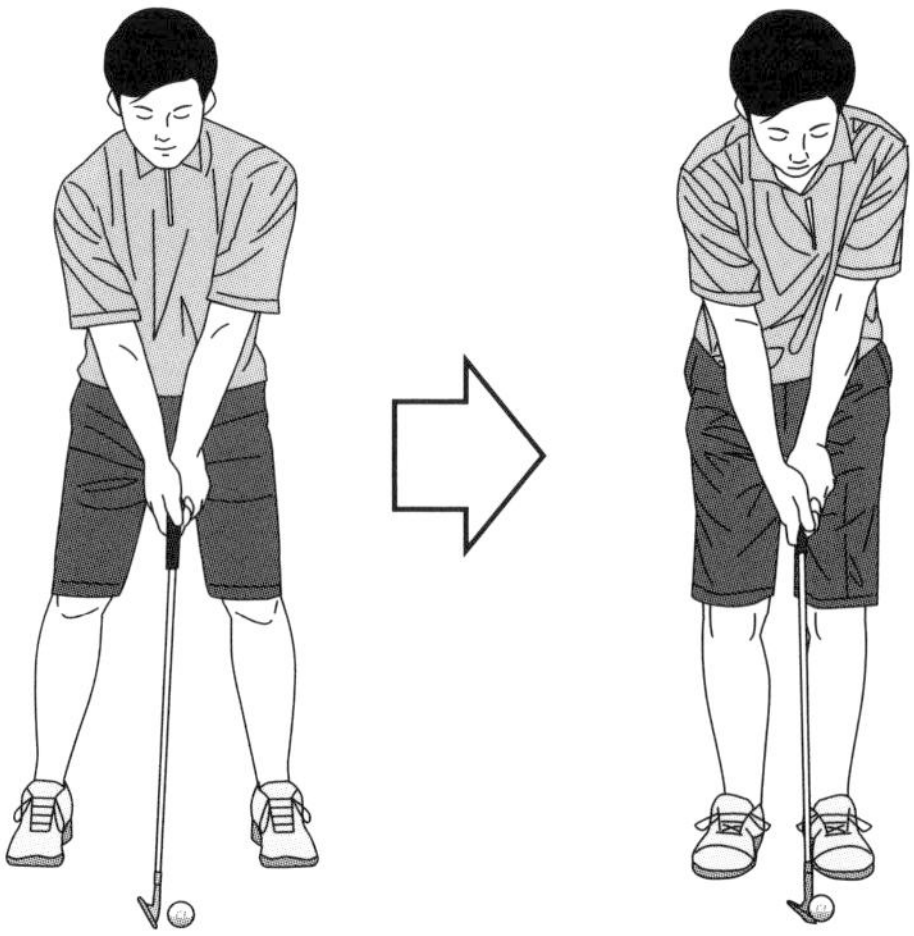

●アプローチの振り幅は2つで十分。ボールを打ちに行く意識をなくすことが大切

アプローチはボールを遠くに飛ばすためのショットではありません。せいぜい遠くても100ヤードの距離をコントロールして打つショットです。そのためには、打ちたい距離を楽に打てるクラブを選択しなければなりません。

以前のようなボールをつぶすように打つショットでは、5番アイアンや7番アイアンなども使っていましたが、今はボールをフェースに乗せ、ボールの重みを使って停める打ち方をするので、ミドルアイアンはあまり使わず、ボールを上げたいときはウェッジを使用することが多くなるでしょう。

通常のショットでも同じですが、インパクトの強さで飛距離をコントロールするのでなく、振り幅を調整

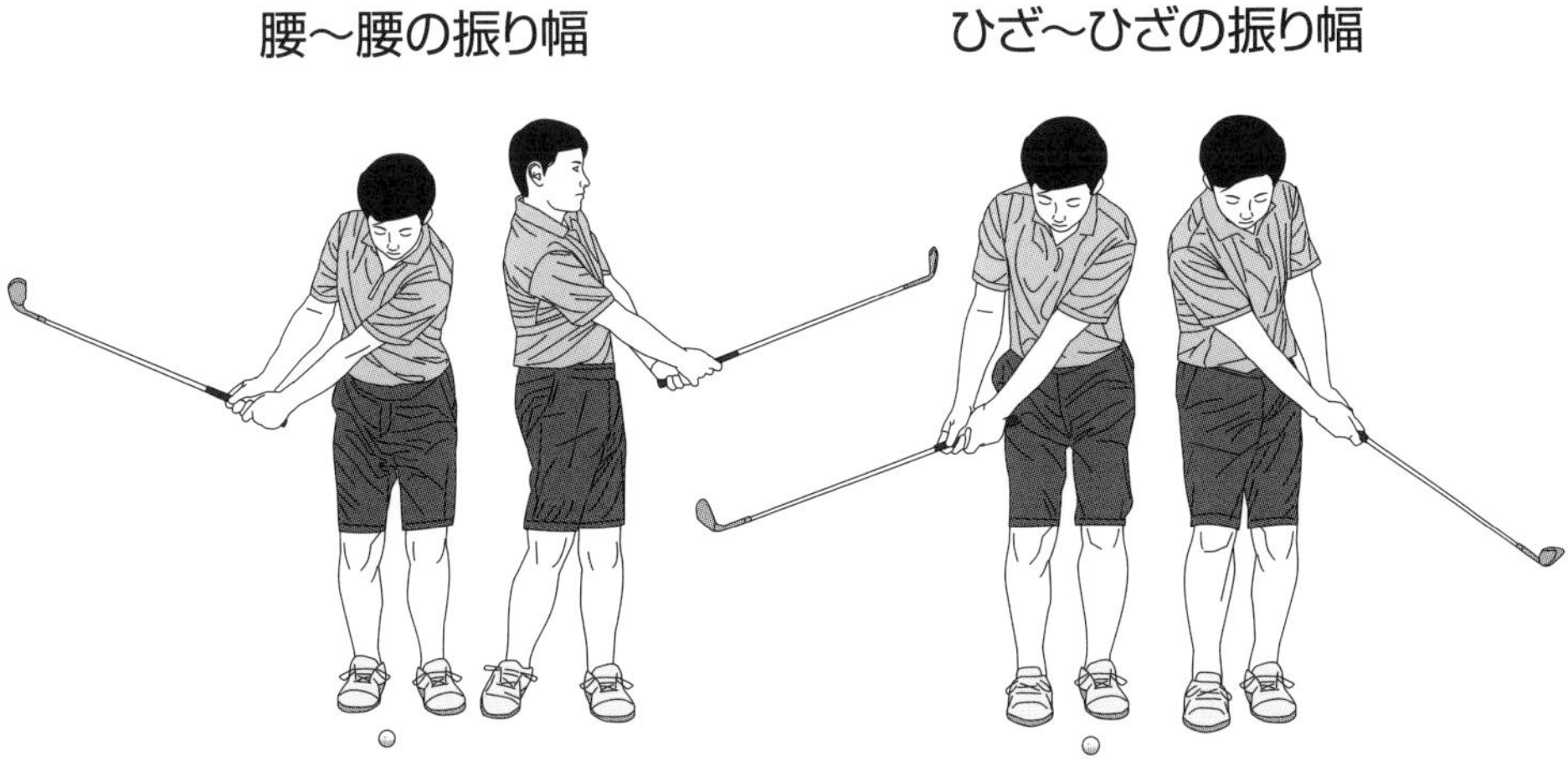
腰～腰の振り幅
ひざ～ひざの振り幅

することで自然にインパクトの強さを変化させることが大切です。**インパクトのパチンという打感でなく、クラブの重みを活かしたスイング**を心がけましょう。

振り幅は大きくても、せいぜい手もとが腰の高さから腰の高さくらいまでのスイングとなります。距離がもう少し近いショットであれば、クラブヘッドがひざの高さからひざの高さに来る程度までのコンパクトなスイングをするようにしましょう。

振り幅に関しても、「腰～腰」、「ひざ～ひざ」の2種類程度をマスターしておけば十分です。振り幅で細かく距離を調整しようとすると、どこかに力が入って自然なスイングができなくなってしまいます。基準となるものをできるだけ少なく、シンプルにしておくことが大切です。

2つの振り幅の中間の距離に打ちたいときは、クラブを持ち替えて調整していきましょう。

「ぶら〜んスイング」でアプローチの悩み解決!!

●たった2つの振り幅でクラブの重さを使ってスイングするだけで、大抵のショットは打ち分けられる

アプローチショットといっても、決して特別なショットではありません。通常のアイアンショットの振り幅を小さくした「ハーフショット」をすればいいのです。

しかし、振り幅が小さくなることで、フルスイングのショットでのクセが出やすくなります。たとえば、フルスイングのときにボディターンを意識している方は体が開きやすく、上体が突っ込みやすい方は突っ込んでしまいます。これらが起こるのは、フルスイングのときに**腕や体の使い方でスイングの軌道をコントロールしようとしている**からです。

アプローチショットでは、フルスイングのようなトップでの切り返し動作がありません。切り返しの反動を利用できないぶん、普段よりも増して手先や体でコントロールしようとしてしまうのです。

アプローチを苦手にしている方の多くは、日ごろから感覚に頼ったスイングをしている方と言えます。

もし、このタイプに当てはまるようであれば、アプローチの練習をする前に、まずは普通のスイングを身につけることが大切です。正しいスイングは、正しい体の動きから生まれます。と言っても、特殊なことをする必要はありません。クラブの重みを利用して体を動かすだけでいいのです。

まずは、クラブを横にぶらぶらさせて、クラブの重みで腕が引っ張られる感覚を身につけます。練習場などのゴムティをハーフスイングでパチーンパチーンと連続して叩いてみましょう。最初は「ひざ～ひざの振り幅」で行い、慣れてきたら「腰～腰の振り幅」に広げて動作を確認します。

ボールに当てにいく動きをしている方は、クラブを戻すときにティに当てられないはずです。クラブの重みを利用して、自然にクラブをぶらぶらさせる「**ぶら～んスイング**」を身につけることが大切です。

小さなスイングでコンスタントにゴムを弾けるようになったら、徐々にスイングを大きくしてフルスイングでもできるようにしておきましょう。この動作に慣れておくことが、「**アプローチ動作の延長がフルスイング**」という感覚につながります。

フルスイングしたときにゴムに連続してなかなか当たらない方は、まだまだ体を使ってインパクトしている証拠です。「**体幹スイング体操**（43ページ参照）」で正しい重心移動をおぼえると同時に、正しく体を動かしたときの感覚をつかんでおくといいでしょう。

「ぶら〜んスイング」でのゴム打ち練習（ハーフスイング）

●ひざ〜ひざの振り幅

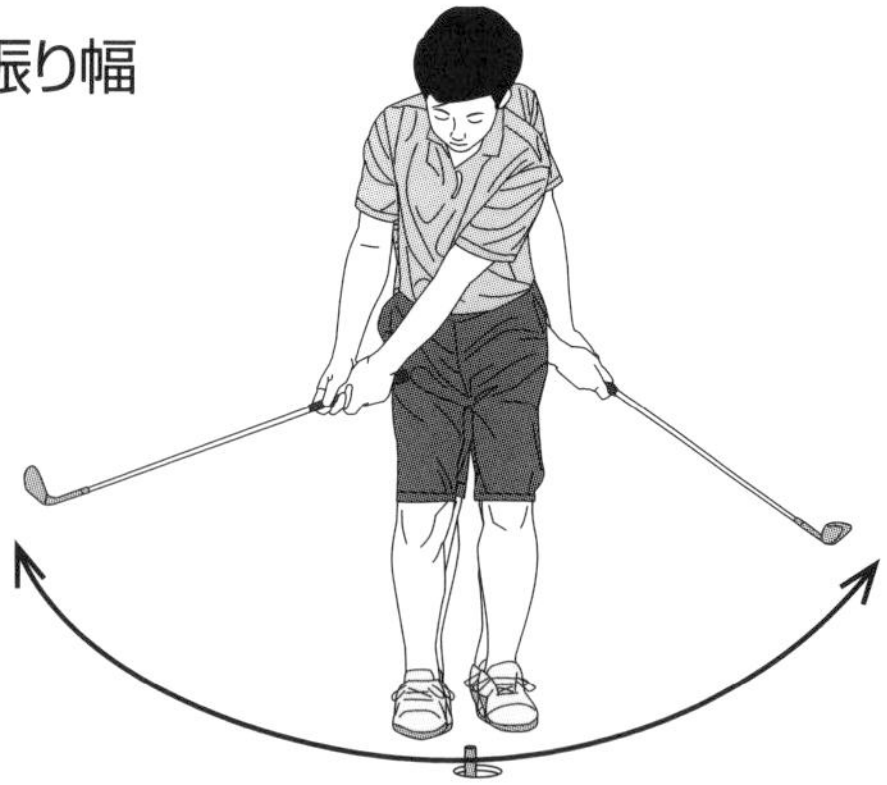

●腰〜腰の振り幅

●フルスイング

正しい重心移動をおぼえる「体幹スイング体操」

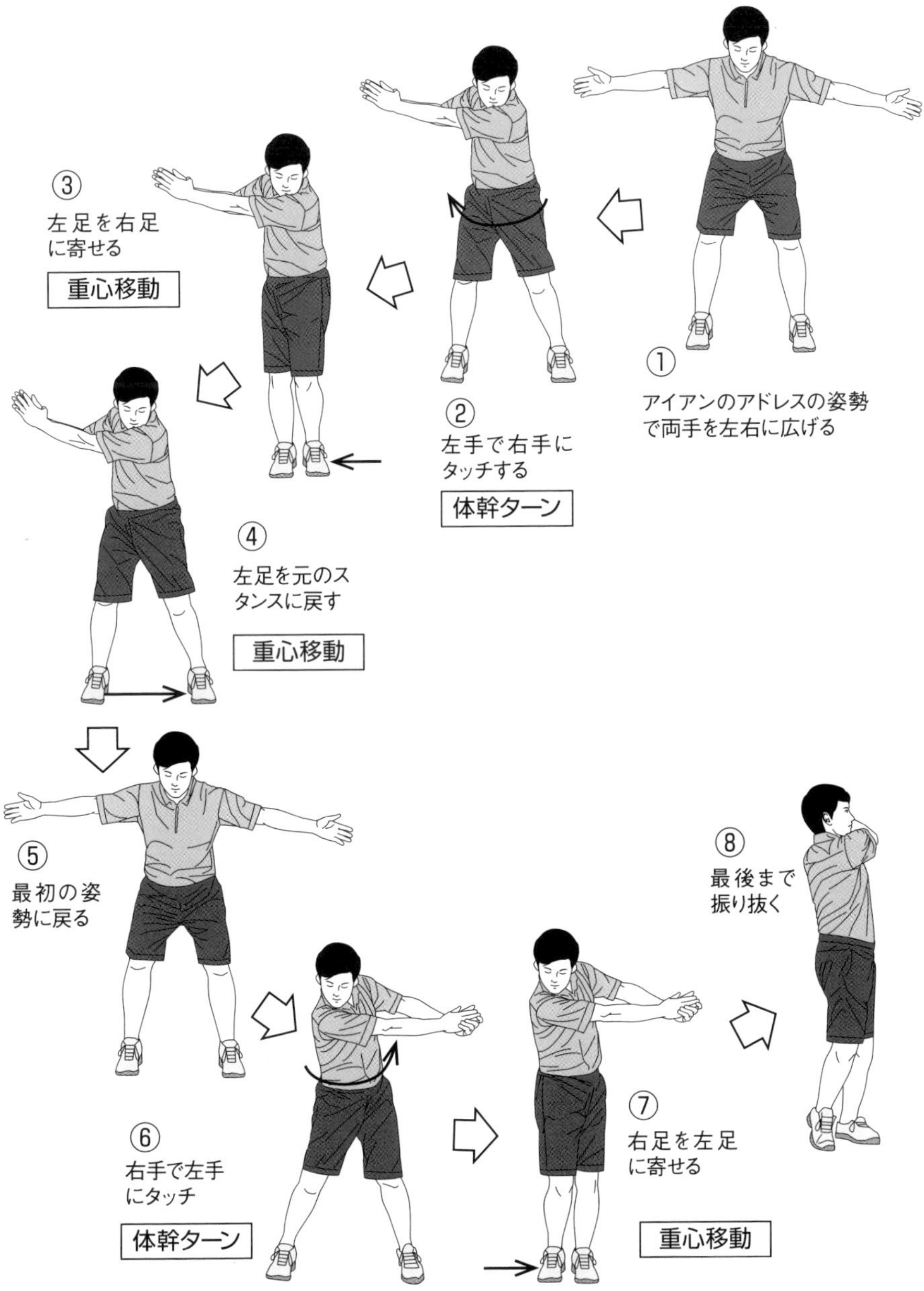

Chapter 1

飛距離や上がり方はクラブを替えて調整する

●ボールを上げるのはクラブの役目。スイングで調整しないことが大切!!

アプローチのテクニックはさておき、ゴルフに共通して言えるのは、「**手先を使った動きは非常に難しい**」ということです。たとえ、毎日ボールを打っていたとしても、その日の調子や体調に左右され、力の入れ具合などは**決して安定することはない**でしょう。

とくに利き手が邪魔をしてしまうのがゴルフの特徴です。右利きの方であれば、**普段は器用な右手の感覚を活かそうとすればするほど、実はやりたいことを何もできなくしてしまっている**のです。

通常のフルスイングはもとより、アプローチのような振り幅の小さなスイングの場合、スイング軌道がズレたと感じたら、つい利き手を使ってそれを元に戻そうとしてしまうことでしょう。ボールを上げようとしたときにそれをしてしまうと、ほとんどの場合、クラブはすくい上げようとする動きになってしまうのです。

ゴルフクラブを手で操作してインパクトさせ、イメージ通りにボールを上げるのは非常に難しい動作です。それは、**ボールを上げるのは手ではなく「クラブの役目」**だからです。

クラブの重みを利用してボールにインパクトさせた方が、スイングが安定します。その結果、ミスショットがなくなり、イメージに近い打球が打てるようになるのです。イメージ通りの打球を打つために、ゴルファーができることは、クラブを持ち替えてロフトを変えたり、フェースの向きを少し調節することだけです。

クラブの振り幅を細かく調節することさえも、感覚に頼った部分が大きくなって、不安定な要素となってしまうことを忘れてはいけません。

アプローチでは、どちらかというと**キャリーとランの比率を考えたクラブ選択が大切**になります。

腰から腰の振り幅とひざからひざのスイングで、クラブごとのキャリーとランの比率をおぼえておくようにしましょう。使用ボールやクラブによっても変化するので、いつも使用しているギアを使って、飛距離とキャリー&ランの比率を確認しておくことが大切です。

番手ごとの飛距離とキャリー&ラン比率例

●腰〜腰の振り幅のハーフショット

クラブの番手	飛距離	キャリー	ラン	比率
8番アイアン	50ヤード	12.5ヤード	37.5ヤード	1:3
9番アイアン	40ヤード	13.3ヤード	26.7ヤード	1:2
48°	30ヤード	15ヤード	15ヤード	1:1
54°	20ヤード	13.3ヤード	6.7ヤード	2:1
58°	15ヤード	11.2ヤード	3.8ヤード	3:1

●ひざ〜ひざの振り幅のハーフショット

クラブの番手	飛距離	キャリー	ラン	比率
8番アイアン	30ヤード	7.5ヤード	22.5ヤード	1:3
9番アイアン	25ヤード	8.3ヤード	16.7ヤード	1:2
48°	20ヤード	10ヤード	10ヤード	1:1
54°	15ヤード	10ヤード	5ヤード	2:1
58°	10ヤード	7.5ヤード	2.5ヤード	3:1

※飛距離には個人差があり、使用ボールやクラブでも異なるため自分で把握しておくことが大切

※下の表を使って自分の飛距離やキャリー&ラン比率をおぼえておこう

番手ごとの飛距離とキャリー&ラン比率

クラブの番手	飛距離	キャリー	ラン	比率
	ヤード	ヤード	ヤード	キャリー：ラン ：
	ヤード	ヤード	ヤード	キャリー：ラン ：
	ヤード	ヤード	ヤード	キャリー：ラン ：
	ヤード	ヤード	ヤード	キャリー：ラン ：
	ヤード	ヤード	ヤード	キャリー：ラン ：
	ヤード	ヤード	ヤード	キャリー：ラン ：

Chapter 2

アプローチの落とし穴！

平常心を保つための「メンタルコントロール」をおぼえよう

PROLOGUE ②
おはよう!
おはようございます 次長 早いですね
週末 千葉県某ショートコース
おはようございます
新井プロ来てますよ
おはようございます
おはようございます 新井です よろしくお願いします
佐藤と申します よろしくお願い申し上げます
次長 ガチガチ…

遼太郎くんから
お話は聞いてます
アプローチで深みにはまって
悩んでいるとか……
そ、そうなんです
それ以外のショットはかなり
安定してきたんですけど……
先週 練習場で
基本のスイングは
できてます
じゃあ早速行きましょうか
1オンしなくていいので
クラブは8番 9番 PW SWの
4本とパターの計5本を
持っていきましょう

1番ホール 140y
じゃあ 遼太郎君、佐藤さん、私の順でいきますか
スッ
パシッ
ナイスオンッ!
よしっ
あーあ またへんなスイッチ入っちゃった…
佐藤さん! リラックスしましょう 普段どおりでいいですよ
乗せなくていいんですから…

パサーッ
ちょっと短かったか……
乗せちゃったらアプローチの練習にならないからいいんですよ
グリーンまで大体15ヤードくらいですかね……じゃ打ちますね
パサーッ
石川のボール
佐藤のボール
ピタッ

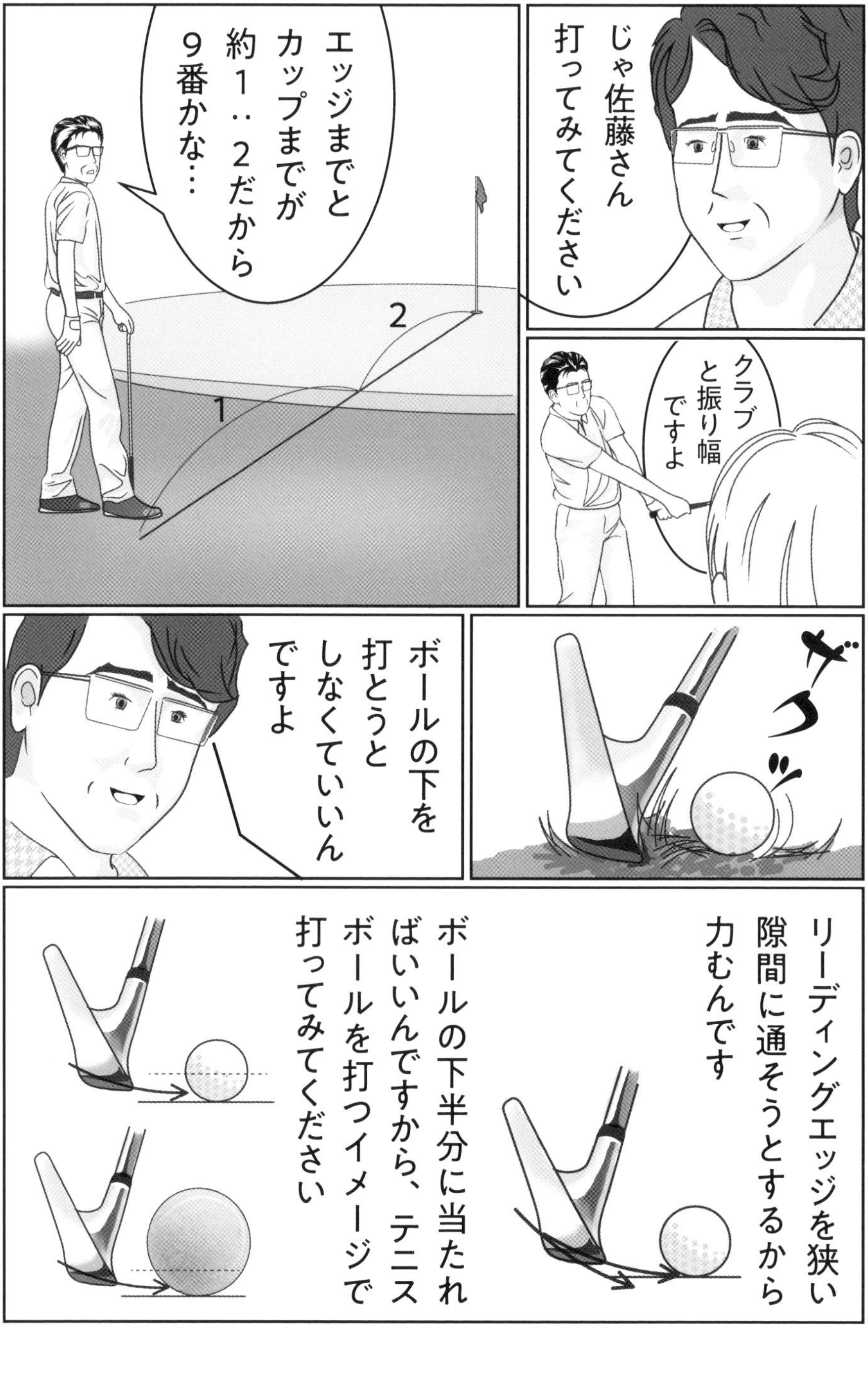
じゃ佐藤さん
打ってみてください
エッジまでと
カップまでが
約1：2だから
9番かな…
1
2
クラブ
と振り幅
ですよ
ザクッ
ボールの下を
打とうと
しなくていいん
ですよ
リーディングエッジを狭い
隙間に通そうとするから
力むんです
ボールの下半分に当たれ
ばいいんですから、テニス
ボールを打つイメージで
打ってみてください

スッ
パシッ
スーッ
次長！
こないだ練習した
振り幅思い出して
くださいね！
ひざじゃ短いし
腰だとオーバー
しそうだった
から……
無理に寄せようとしない
ほうがいいですよ！
まず上がり方や
転がり方を
よく観察して
もし９番で
オーバーしそう
だったら
ピッチングに替えて
腰の振り幅で
打てばいいんです

ピタッ
欲張らないで2パットで入るところに止めればいいんですよ
なるほど…さっきの1打が無駄ってことか
ピタッ

次のパットは
確実に1パットで入る
圏内に止めるイメージで
遼太郎君　お手本見せて
は はい
普通に打てば
いいんですよね？
じゃ
私がやりましょう
もし
1mのパットが
確実に入るのなら
カップの周りに
半径1mの仮想円をつくって
その中に止めるイメージで
打てばいいんです
1m
仮想円

まず 大体の振り幅を合わせて……
コツン
最初から2打で入れるつもりで打てばいいんです
佐藤さんも打ってみましょう
コツン
コロコロ
アプローチも同じで「絶対に寄せてやろう！」とか欲張っちゃダメなんです
気持ちが力むと体にも力が入っちゃいますから……
特別な場所なんてないんですから つねに平常心を持つことが大切なんです
おっ
カラン
ゴルフはメンタル
ですよね？新井さん

2番ホール 127y
じゃ ボクからいきますね
パチーン
ポロッ
次 佐藤さんどうぞ
は はい
パシッ
ピタッ
スピン
ほら こうやって 次のホールで とり戻せるでしょ
ピシッ
トン
佐藤のボール
キュル
ジーッ
バ バックスピン
おおっ

パシッ
フワッ
ストン
ピタッ
やっぱりオープンスタンスだと上がって止まるんですね
余計なことはまったく気にしなくていいですよ
普通に打っても止まりますから……

同じところから打ちますから
見ててくださいね
カッン
ピタッ
トン
ほらね！
難しく考えちゃ
ダメですよ……
ピッチングで
普通に打っただけも
止まったでしょ
8
今はボールが
昔より硬いから
スピンをかけるよりも
ボールの重みで止める
イメージを持つといいですよ
遼太郎君も余計なこと
しなくていいから
スミマセン……

3番ホール 137y　砲台2段グリーン
パチーン
下りのラインが残っちゃいましたね
右はダメ…
下りは残すと難しい!
あ゛
下りを残すと難しくなるから広い左サイドに打つといいんですけどね
とりあえず私も右に打ちますね
石川のボール
佐藤のボール

ポロッ
スーッ
あーっ 惜しいっ!! ギリギリ止まると思ったのに
ほらねっ あそこからだと2パットでも難しいですよね まぁ 気にせずに打ちましょう
ま マズい……
うッ
パチーン
あー やっちゃった
あれこれ考えると体が動かなくなっちゃいますよ

もう1球打ってみましょう
ザクッ
佐藤さん！メガネ外してみましょうか⁉
？？？メ メガネ？
視点を集中してボールをジッと見ていると…
無意識に目とボールの距離が近づいてくるんです
ダフりを嫌がると体が開く
開かないようにすると手打ちに…
ジーっと見つめていると
思考が働きすぎるんです
だからボーっと見るのがいいんです

ボーっ
あらっ
パチー
考えすぎちゃダメですよ！
思考が働くと重心が高くなる
重心が高くなる？
さっきも言いましたけど「気持ちの力み」は「体の力み」頭でいろいろ考えてるうちに重心が上がっていくんです
イメージができたら考えずにスッと打つ
スッ
パチーン
地に足がついていないまさに浮き足立った状態ですね!!

あれこれ考えてしまうなら足もとを意識するといいんです
足もと？
足をどう意識すればいいんですか？
パットの前にプロが足をパタパタさせてるのもそうなんですよね？
そう
１ｍのパットならみんな練習では入りますから……
パタ
パタ
でも試合になると自信がなくなる
だから足をパタパタして足もとを無理矢理意識させるんです
そうすると重心が下りて姿勢も安定するんです
なるほど…

ぼーっ
スウーッ
ハーッ
パタ
パタ
スッ
パキーン
ナイスショット!!
ピタッ

Chapter 2

振り幅の小さなスイングの「最大の敵は自分自身」

●アプローチでは目標が近いぶん、さまざまな感情がスイングの邪魔をする

ゴルフに限らず、さまざまなスポーツにおいて大切なのが**平常心を保つ**ことです。練習ではできていることが、本番になって急にできなくなるのは「自分の気持ち」が練習場で打っているときとは異なるのが原因となっていることが多いようです。とくに、日ごろから感情的になりやすい方や、細かいことが気になる方はメンタルの影響を受けやすいので要注意です。

とりわけ、アプローチやパッティングなどの振り幅の小さなスイングは、**フルスイングよりも感情の影響を受けやすく**なります。

平常心といっても、何も考えずに打てばいいという訳ではありません。アドレスに入る前には、グリーンまでの距離やピンの位置などを考えてクラブや振り幅を考えなければなりません。アドレスに入ったら、スタンスや振り幅などのチェックも必要になると思います。しかし、それらの**思考の**

調整はスイングを開始する前にすべて終わらせておくことが大切です。

頭であれこれ考えながら、スイングを調整できるほど人間の体は器用ではありません。そのためにも、振り幅はシンプルにしておくことが大切なのです。メンタルのコントロールさえできていれば、あとは日ごろの練習通りのスイングをすればいいのです。練習のときからミスショットが多い方なら、本番でもミスが起こる確率が高くなるのは当然です。

アプローチに潜む「大きな罠」

アプローチが難しい理由は何？

- ☑ **ピンから近く、すぐに目に入る**
- ☑ **方向、クラブ、振り幅など調整することが多い**
- ☑ **ピンに近いぶん、過去の記憶が鮮明に残る**
- ☑ **振り幅が小さいぶん、かんたんに思い込みがち**

しかし、これがなかなか難しいのです。アプローチやパッティングのように、ちょっと顔を上げればピンが目に入るような状況では、心の状態を揺さぶる誘惑が多いものです。

ましてや、過去に苦い経験をお持ちの方は、嫌でもその記憶がよみがえってくるものです。それとは逆に、過去にスーパーショットを決めた経験のある方も、余計な感情が生まれやすいことでしょう。そして、心の中でそれらのことを「気にしない、気にしない」と唱えてみても、それは実際は気にしているということになります。

平常心を失わないために、日ごろからリラックスしてショットするまでの流れをおぼえておくことが大切です。

Chapter 2

「心の力み」が「体の力み」を引き起こす!!

●「平常心を失った状態」＝「心が力んだ状態」

皆さんの多くは、野球のバッターのホームラン後のインタビューや、ボレーシュートを決めたサッカー選手の試合後のインタビューを聞いたことがあるかと思います。さまざまなコメントがありますが、それらはあくまでも後で振り返ったときの話です。

実際にホームランを打つ瞬間に、どんな球種のボールがどのコースに来たかを考えている選手はいないことでしょう。ボールに合わせて自然に体が動いて、その結果がホームランになったといったところでしょうか。自分の得意なボールがきたときに「チャンス！」と思ったら、その瞬間に打ち損じてしまうのが人間です。

その理由は、「チャンス！」と思った瞬間に、何らかの感情が働き、ボールに合わせて体を動かそうとしてしまうからです。実際、皆さんが歩くときに体の使い方を考えているでしょうか？　答えはＮＯです。右足を前に降り出すと同時に左腕を後ろに振り、そのときの重心の移動は……などと考えながら歩いている人はいないはずです。

動作をするときに何らかの思考が働くと、脳の指示で体を動かそうとしてしまいます。車でいうところの、頭の中のイメージと実際の動作との間にタイムラグができてしまうのです。そこで、ブレーキを踏もうと思ってから、実際にブレーキが効き始めるまでに車が移動する「空走距離」のようなズレが生じてしまうのです。

それだけでなく、脳の指令で体を動かそうとすると、脳がその動作に必要と判断した筋肉だけに力が入り、**スムーズな動きができなくなってしまいます**。しかし、実際はシンプルな動作でも多くの筋肉が動員されていて、それらのすべてを意図的にコントロールするのは不可能です。

無理矢理コントロールしようとすると、緊張した球児が入場行進のときに足と手を同じ方向に動かすようなぎこちない動きになってしまうのです。

ゴルフの場合、野球やサッカーと違って、ボールは止まっていますが、その原理は同じです。むしろ、**ボールが止まっているぶん、余計な思考が働きやすくなる**ともいえます。歩行動作と比べてみると、**ゴルフスイングは非常に複雑かつスピードの速い動作**です。そのぶん、思考に頼ると「空走距離」が長くなってしまうのです。

ゴルフで、思考を働かせるのはアドレスまで。バックスイングを開始したら、余計なことを考えないのが「スイングの基本」というのを忘れないようにしましょう。腕や肩に力が入ってしまうと結果的にヘッドが走らないスイングになり、ボールに伝わる力も小さくなります。

まさに「**力む=力無**」ということが理解できますね。

Chapter 2

頭に浮かんだ余計な感情が「心の力み」を引き起こす

●ネガティブな感情だけでなく、ポジティブな思考も「力み」の原因となる

スイングをするときに「あれこれ考える」ことで、体に力が入ってスムーズな動きができなくなります。その原因となるのが、「苦手意識」、「不安」、「プレッシャー」などのネガティブな感情はもちろん、「欲」、「特別意識」など一見ポジティブに考えられがちな感情も含まれます。何かしらの感情が生まれることで「平常心」の状態とはいえないのです。

●アプローチに対する「苦手意識」はどこから生まれる?

アプローチが苦手な方の場合、それだけの失敗経験をお持ちということになります。過去のミスショットのイメージが強いと、微妙な距離が残ったときに「嫌だな…」と感じることでしょう。しかし、実際に打ったミスショットの数に比べれば、普通に打てた数の方が多いのではないでしょうか?

なら、本来はうまく打てたときのイメージを持てばよいのですが、なかなかそうはいかないようです。

もし、アプローチの練習もせずに苦手意識を持っているのであれば、それは当然の話です。練習もしていないのにうまく打てるはずがありません。日ごろから、練習場でのクラブ選びやアドレスの入り方など**本番を想定した練習**をしておくことが大切です。

●「不安」が募ってきたら、そこに根拠があるかを考えてみよう

実際にアプローチが打てない方が、打つ前に不安になるのは当然です。多くの場合は、苦手意識から生まれる不安が多いことと思われます。しかし、中には打つ前から根拠のない不安を抱いている方も少なくありません。

たとえば、「前の人がミスショットを打ったから、今度は自分かもしれない」、「今までミスショットがないからそろそろ……」など、根拠のない不安を感じている方もいます。そんな方は、自分がしっくりくる**ルーティンなどを身につける**ことで、前向きな気持ちに切り替わるかもしれません。

●「プレッシャー」を感じやすい

緊張しやすい方は「力み」が生じやすいのは、誰もが想像できると思います。しかし、一体、何に緊張するのでしょうか？　コンペの優勝がかかった最終ホールならともかく、**何でもないところ**

で極度に緊張するのは非常にナンセンスです。

「皆に見られている」、「ここでミスをしたら恥ずかしい」、「これをミスればパーを取れない」、「自己ベストが更新できなくなる」、「寄せるのが難しい状況だ」など、さまざまな理由があります。

しかし実際は、誰もそこまであなたのプレーを見ていないというのが事実です。また、プロではないのですから、ミスショットをしたり寄せられなくても、何も恥ずかしくはありません。プロでさえ、ボギーやダブルボギーを打つことがあるのですから、その1ホールで自己ベストやワーストが決まる訳でもありません。せっかくゴルフを楽しみにきているのですから、プレーを楽しむことを第一に考えましょう。

●アプローチはピンに近いぶん「欲」が生まれやすい

ゴルフは、ボールをカップに沈めるまでの打数を競う競技です。各ホールのゴールとなるピンがすぐ近くにあるほど、「欲」が生まれるのもわかります。しかし、プロのトーナメントを見ていて、1ラウンドで何人がチップインをしているでしょうか？　また、狙ってベタピンに寄せられるのであれば、本書を手にとっていないことでしょう。

欲が出れば出るほど、狙うポイントが小さくなり、体の動きもぎこちなくなります。また、器用な手を使って何とかしようとしてしまうことが多くなります。「絶対に寄せてやる」、「ここは強気で…」

など、余計なことは考えずに、**あるがままに無理をせずに打つこと**が大切です。

●ゴルフには「ここだけは特別」というショットはない

ポイントとなる局面で、「ここだけは寄せておきたい」、「このショットだけは大切にしたい」など、勝手に人生を左右するショットにしてしまう方をたまに見かけます。ゴルフ中継などで、解説者が「ここは決めておきたかった」などといっていることがありますが、それはあくまでも結果論です。誰もミスショットをしようとして打っている訳ではありません。

もちろん、コースには狙いやすい場所と難しい場所はありますが、ゴルフには「**ここだけは特別**」**というところや、「自分ならできる」という特別な局面はない**のです。

一見、前向きで強気な姿勢に見えますが、こんな感情でも平常心が乱れ、「力み」が引き起こされることをおぼえておきましょう。

このように、ネガティブ・ポジティブに関わらず、余計な感情が生まれることで、平常心が乱れると「体の力み」を生じます。何かしらの感情が湧き起こったら、ちょっとアドレスを解いて深呼吸をするなど、ちょっとした気分転換を図るようにするといいでしょう。

Chapter 2

慎重に打とうとする気持ちがミスを引き起こす

●「慎重に」や「ていねいに」がミスを引き起こす

これから打つショットに意識が集中すると、「まっすぐにクラブを引いて…」、「振り幅はヘッドが腰の高さから腰の高さまで……」などと、さまざまな注意点が頭に浮かんできます。しかし、これらのポイントを確認しながらスイングできるほど人間は器用ではありません。

前章で振り幅の話をしましたが、これに関しても決して左右対称である必要はありません。おおよその振り幅で飛距離やボールの飛び方の基準をつくって、日々の練習で毎回同じ振り幅のスイングをできるようにしておけばいいのです。

ゴルフスイングの解説書では、アドレス↓テークバック↓ハーフウェイバック↓トップ↓切り返し↓インパクト↓フォロースルー↓フィニッシュなど、各局面ごとにフォームの解説をしていますが、それはあくまでも便宜上の話です。

スイングを「点」でなく「線」でイメージする

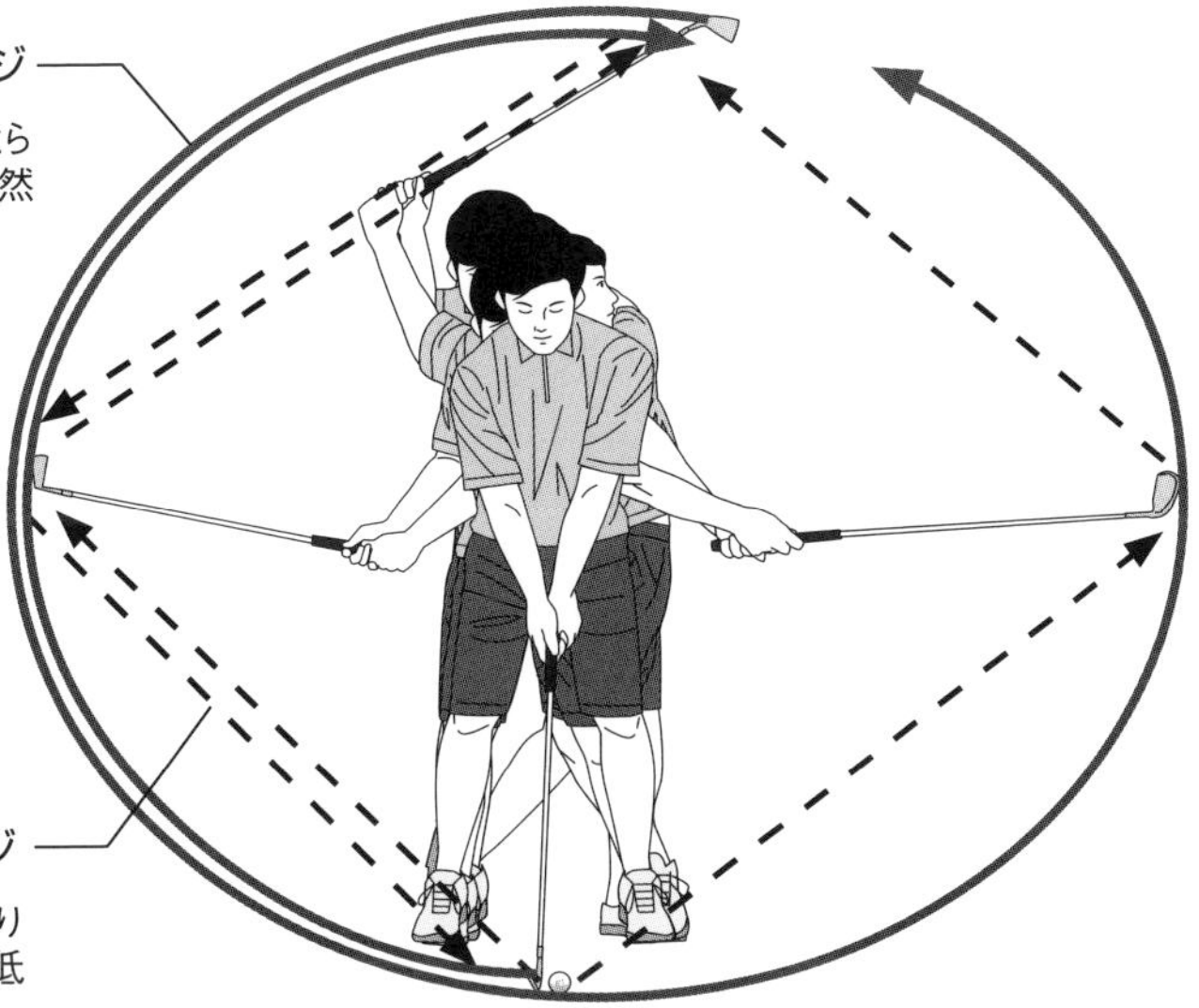
「線」のイメージ
動作を「線」でとらえることでより自然な動きができる
「点」のイメージ
各局面のつながりがなく再現性が低いスイングになる

たとえば、トップの形を意識してスイングすれば、スイングは一連の動作にならずに「アドレス～トップ」と「トップ～フィニッシュ」という2つの異なる動作になってしまいます。たとえ正しいトップの姿勢がとれたとしても、それ以外の動作はバラバラになってしまうことでしょう。ゴルフスイングは一連の動作です。点と点を結ぶイメージでスイングするとぎこちない動きになってしまいます。

もし、チェックすべきポイントがあるのなら、それは**アドレスまでに頭の中で整理**して、**各局面を意識するのでなく、スイング動作全体をイメージ**しておきましょう。

テークバックを開始する瞬間には、余計な筋肉に力が入らずにリラックスした状態になっていることで、頭にイメージしたいいスイングに近づけることができるのです。

目の使い方ひとつでミスショットが少なくなる

●スイング中に思考が働かない目の使い方が「周辺視」

モノを見るときの目の使い方には、「**一点視**」と「**周辺視**」の2種類があります。日常、私たちは無意識にこの2つを使い分けていますが、ことスポーツの局面では、「周辺視」が重要になります。

一点視とは、文字を読むときなどの目の使い方で、**視点を一点に集中**させ、じっくりモノを見ることに適しています。勉強をしているときのように、じっくり**集中して物事を考える**ときの目の使い方ともいえます。

それとは逆に、**周辺視**とは視野全体をぼんやり見るような目の使い方です。たとえば、山の頂上で風景を見るときをイメージすると分かりやすいかと思います。これは、本当にぼんやりとしている訳ではなく、視野全体に均等に集中力を分散した状態です。

つまり、**一点視をしているときは脳が活発に働いた状態**となるため、同時に体を動かそうとした

「一点視」と「周辺視」の違いと特徴

目の使い方	視点と視野	脳や思考	動作への影響
一点視	対象物に視点を合わせ、じっくりと見る	対象物に意識が集中することで思考が働く	論理的な思考が働きやすい一方、動作はぎこちない動きになる
周辺視	対象物を視野の中央に置き、視野全体を見る	視野を広げることで思考が働かずに漠然としたイメージが湧きやすい	思考が働かないぶん、感覚が研ぎすまされスムーズに体が反応する

場合、思考に沿った脳からの指令に基づいた動作となり**ぎこちない動き**になってしまうのです。その一方で、周辺視では具体的な思考が働かないため、体を動かそうとしたときにひな形になるのは、動作全体のイメージとなります。だから、日ごろから**正しいスイングのイメージをつけておくことで、その精度も高くなる**のです。

ゴルフに限らず多くのスポーツでは、これら**2つの目の使い方を状況に応じて使い分ける**ことが大切です。体を動かしていないときに頭を働かすときは一点視、動作を開始したところからは周辺視に切り替えるのが理想となります。

まず、プレーの途切れ目に、周囲の状況を把握して、次に何をすべきかを考えてプレーのイメージをつくります。そこから実際に動作を開始したらイメージ通りに体を動かすために、視野全体に注意を払えるように周辺視に切り替えます。

ゴルフの場合はスイング開始後に状況判断を行う必要がないので、**思考を働かせるのはアドレスまで、スイング動作に入るときには周辺視に切り替える**ということになります。

Chapter 2

多くのミスはアドレスのズレから引き起こされる

●「ボールをしっかり見る」とミスが起こる!?

「ボールをよく見ろ」という言葉をよく耳にします。実際に初心者の頃に周囲にいわれた方も多いことでしょう。しかし、正しくは、「**ボールを視界の中心に置いてその周囲全体をぼんやり見る**」というのが正解になります。

ボールに意識を集中することは、思考が働くということ意外にもデメリットが生じます。アドレスでボールを一点視していると、無意識のうちに徐々にボールと目の距離が近くなってしまいます。つまり、**アドレスの時点でつっ込んだ姿勢**になってしまうのです。

実際に日ごろからつっ込み癖がある方の多くは、アドレスの時点でつっ込んだ姿勢になっていることが多く見られます。その姿勢のままスイングすれば当然ダフってしまいます。それを体で何とかしようとしたり、インパクトのタイミングで調整しようとすることで、「伸び上がり」、「体の開き」、

「スエー」などが起こります。

また、手先や腕の動きで調整しようとすると「手打ち」や「すくい打ち」になってしまうのです。

このように、アドレスの姿勢の乱れでさまざまな障害が引き起こされます。姿勢をチェックする前に、まず目の使い方を注意しましょう。

ボールと目の距離の変化

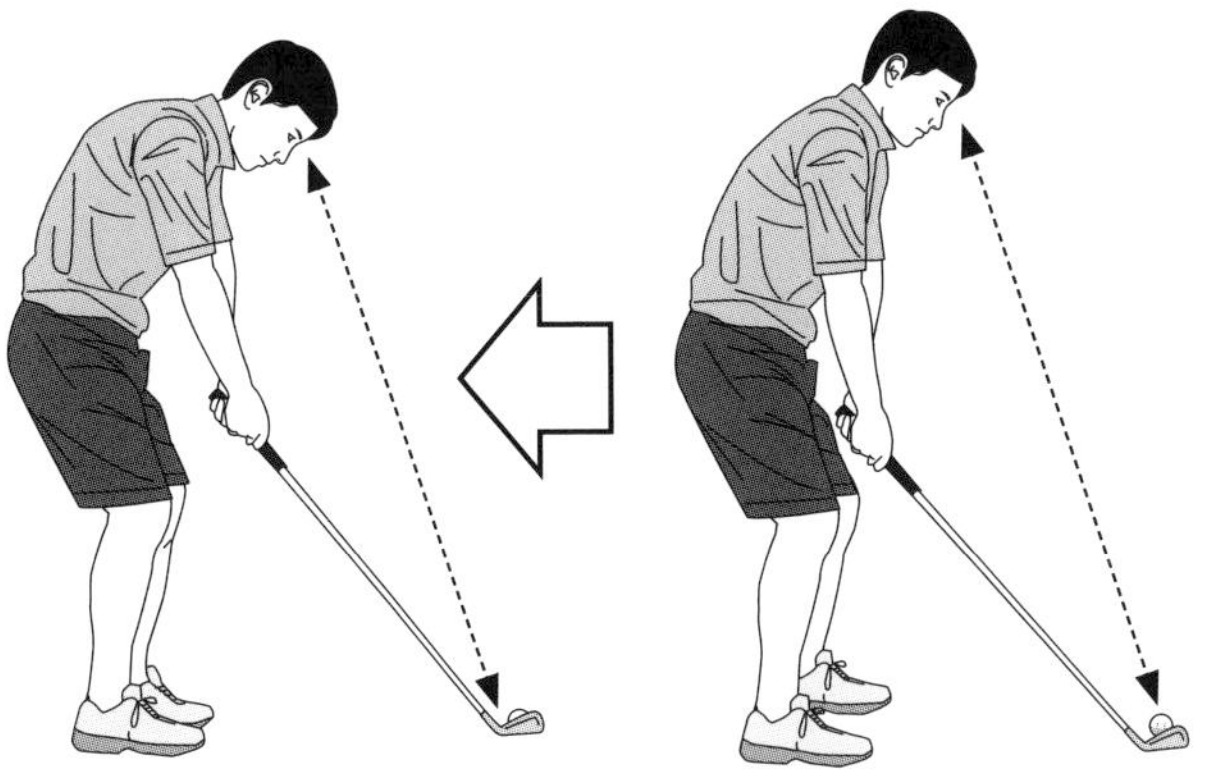

「ダフり」を避けることで起こるスイングの乱れ

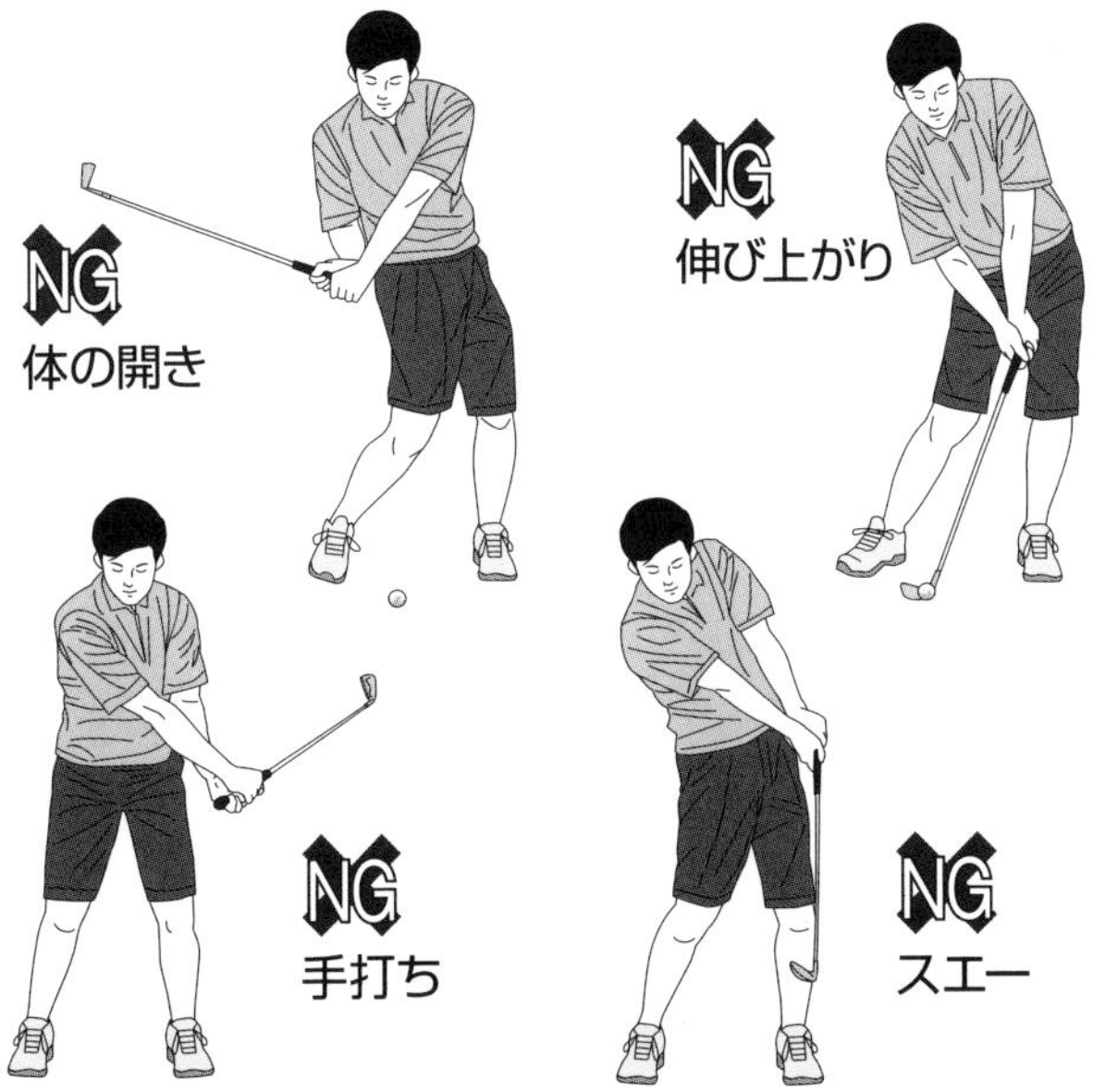
NG
体の開き
NG
伸び上がり
NG
手打ち
NG
スエー

Chapter 2

足もとを意識すると重心が下がって姿勢が安定する

●脳が働くと徐々に重心が高くなる

一点視で思考が働くということは、脳の働きが活発になるということです。脳が働くことで脳内の血流が促され、意識も頭部に集中します。となると、思考が働いているときは、**重心が徐々に高くなり、体のバランスが不安定になった状態**といえます。

ゴルフスイングは、足もとの重心移動はありますが、基本的には足の位置を動かさずに行うスイング動作です。上体の複雑な動きを支えるためには、その土台となる安定した下半身が必要です。

つまり、重心はできるだけ低いことが安定したスイングにつながるともいえます。

そのためにも、スイングを開始するときには、**余計なことを考えず自然にスッと立っているのが理想**です。重心バランスの乱れにもつながるため、状況に応じた「目の使い方」をしっかり身につけておくことが大切です。

●足もとを動かすことで重心が徐々に下りてくる

とはいえ、時には不安やプレッシャー、その他さまざまな感情が生まれ、気持ちが落ち着かなくなるのも事実です。そんなときに「落ち着け、落ち着け」とか「平常心、平常心」などと心で唱えるのは逆効果です。余計に意識して、さらに気持ちが落ち着かなくなってしまいます。スイング前に悪いイメージが湧いてきたら、**別のことをイメージして意識の上塗り**をしてあげるのが正解です。

しかし、平常心を失った状態で冷静にそんなことができないのも事実です。そんなときは**足もとを意識する**といいでしょう。意識を足もとに置くことで、自然と重心が下がってきます。何かイメージが固まらない、悪い予感がする、足もとがおぼつかない……などと感じたときに、ちょっと**つま先を持ち上げてパタパタ**してみましょう。足もとを動かすことで意識が足もとにいくと、高くなっていた重心が徐々に下がってきます。

それでも、浮き足立った感覚が収まらないなら、**その場でジャンプ**してみましょう。着地したときに両足でしっかり地面を踏みしめることで足もとを意識する状態をつくることができます。

重心を下げる「その場ジャンプ」

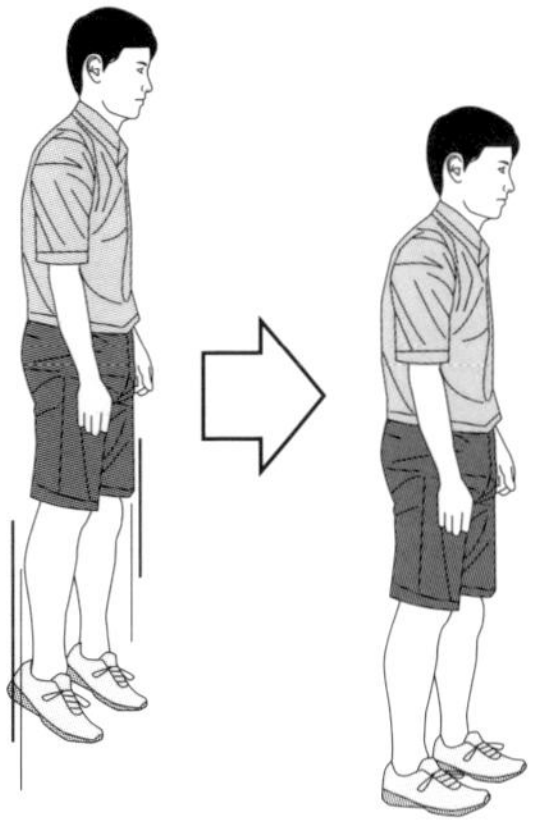

着地の衝撃で足もとへの意識が高まる。また、着地のときにもっともバランスのとれた姿勢となる

Chapter 2

どうしても払拭できない悪いイメージは強制消去

●体をリラックスできないときは、意図的に最大の緊張状態をつくる

足もとを意識しても悪いイメージをなかなか払拭できないこともあると思います。そんな場合は、強制的に体がリラックスした状態をつくってあげましょう。

「心の力み」は「体の力み」につながります。それは、ポジティブな気持ちもネガティブな気持ちも同じです。しかし、体が力んだままではスムーズなスイングはできません。そんなときは、力が入った筋肉を強制的にリラックスさせてあげるといいでしょう。

とはいえ、特別なことをする必要はありません。人間の筋肉の特性として「**最大の緊張の直後に最大に弛緩する**」というものがあります。たとえば、ウエイトリフティングなどで最大筋力を発揮した直後に筋肉は最大にゆるんだ状態になるのです。これを考えると、ウエイトリフターが競終了のブザーと同時にウエイトを前に放り投げるのも納得できるでしょう。

力みをなくすアドレス前のフルスイング

ゴルフでもこの特性を利用して、緊張した筋肉をゆるめてからスイングすることで、力みをなくしてあげればいいのです。しかし、ゴルフ場に重いバーベルを持ち込むことはできません。そこで、**全身に思いっ切り力を入れた状態で数回素振りをする**といいでしょう。いわゆる「マン振り」というのを数回行ってからアドレスをつくり、一回深呼吸してからスイングします。最初の力みがなくなり、体がリラックスした状態でスイングできるようになります。もちろん実際は、スイング動作に必要な筋肉には力が入るので体がフニャフニャになる訳ではありません。また、マン振りをすることで、頭に浮かんだ余計な思考もどこかに行ってしまうことと思います。

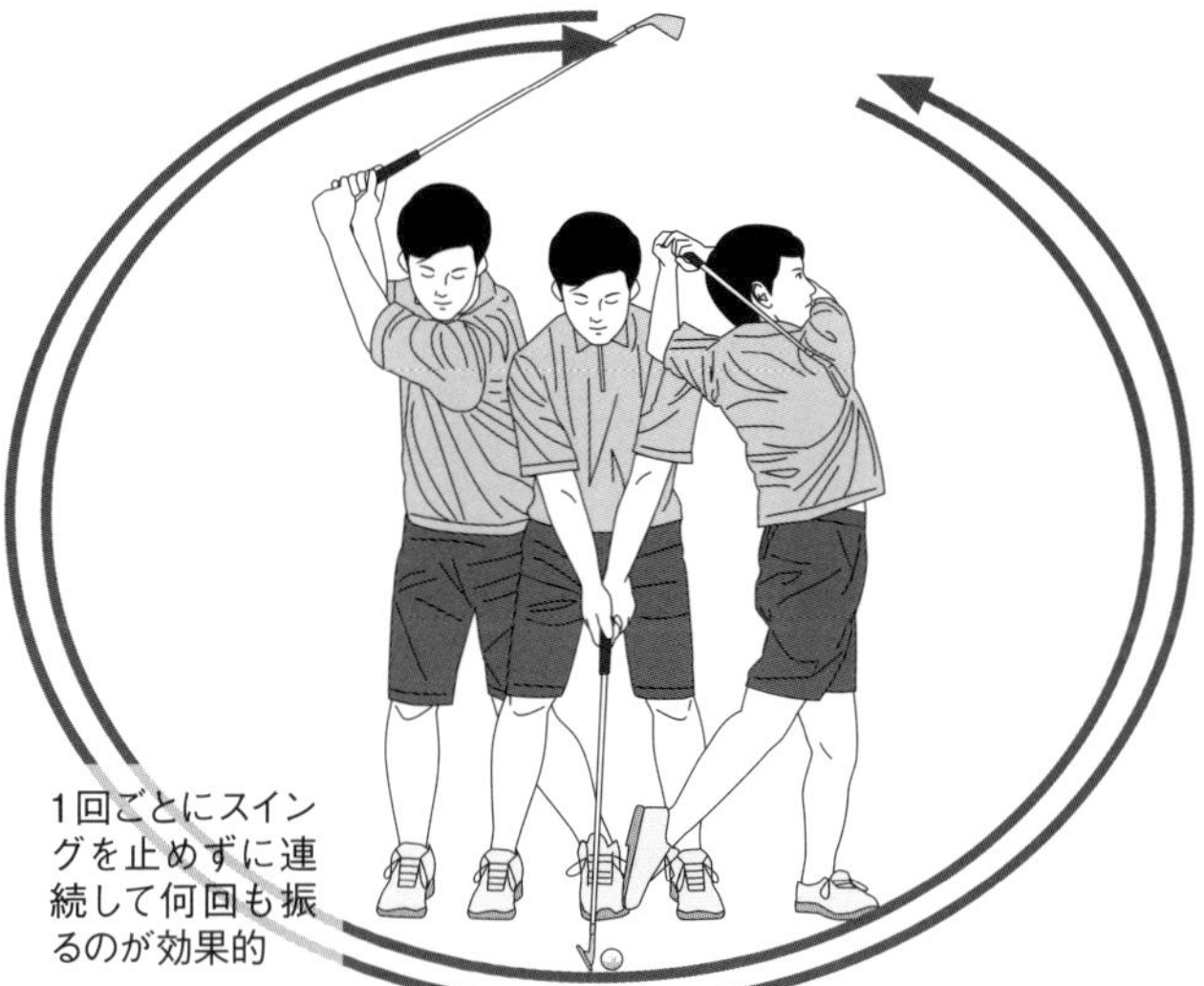
1回ごとにスイングを止めずに連続して何回も振るのが効果的

　木などの障害物があったり、グリーン上でマン振りができない状況であれば、その場で**数秒間、全身に力を入れ、最後に肩をストンと落とすように力を抜いてみる**のもいいでしょう。自分に合った方法で、気持ちを落ち着ける方法を見つけておくと実際のラウンドでも役立つはずです。

Chapter 2

メンタルコントロールに役立つルーティン

●アドレスに入るまでのルーティンを身につけ、余計なことを考えなくするのもひとつの手

正しい目の使い方とグリップを身につけたところで、ズレを生じないアドレスの入り方をおぼえましょう。スイングやストロークで実際にボールを打つ前に、アドレスでまっすぐに立つことが大切です。まっすぐに立てていないと、この時点ですでに感覚に頼った打ち方を余儀なくされてしまいます。

アドレスに入るときに、スイングに必要なすべての調整をしておくことで、スイング前に余計なことを考える必要がなくなります。練習場でも数球打ったら打席を外し、これをルーティンとしておくといいでしょう。

ゴルフでは、目標に向かって引いた線（打ち出し線）に対して、体が平行になるように立つのが

まっすぐ（スクエア）な姿勢です。しかし、どうしても目標に対して体の正面を向けてしまいたくなるため、感覚のズレが生じます。ボールを打ち出したい方向に対して、胸のラインがきちんと平行になるように構えることを心がけましょう。

よく、床にクラブを置いてスタンスをチェックする姿を見かけますが、スタンスがスクエアでも、

自分の「胸の向き」をチェックする

自分でまっすぐと感じるスタンスで立ち、両腕を左右に広げる。

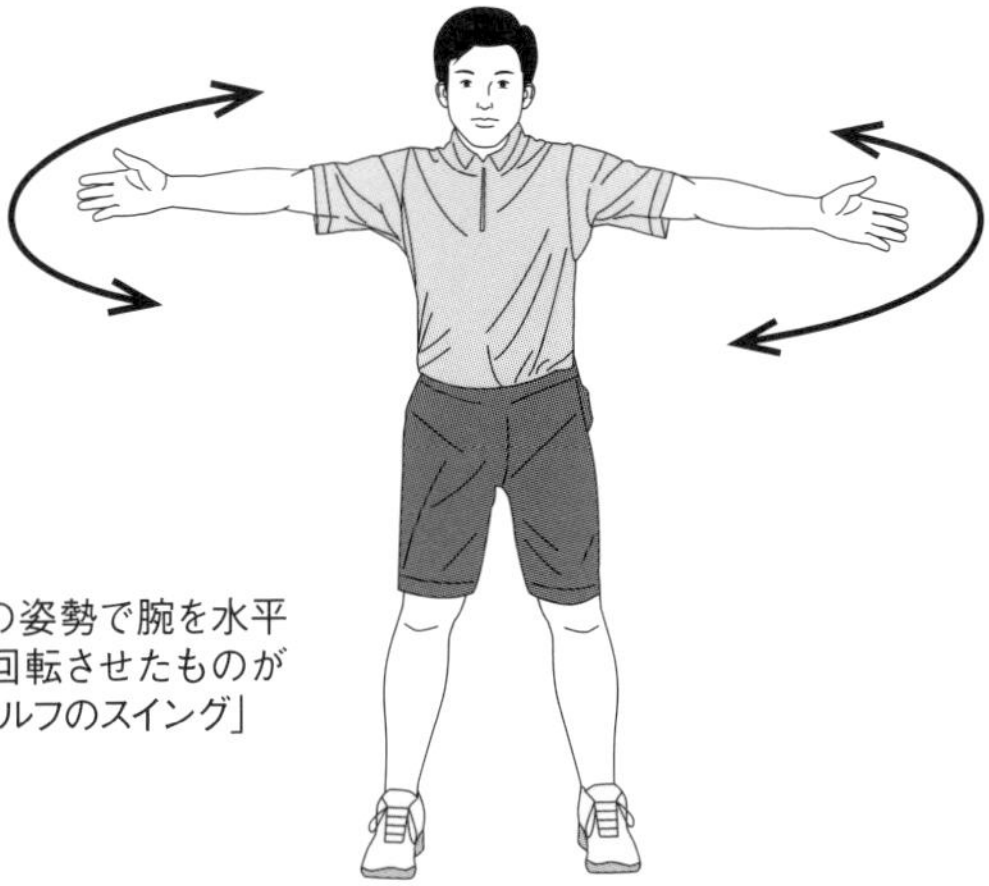

この姿勢で腕を水平に回転させたものが「ゴルフのスイング」

上体を少し前傾させてアドレスに近づける

アドレスの姿勢に近づけて、正しい「まっすぐ」の感覚を身につける

NG

スタンスで方向を合わせる

スタンスが打ち出し線に平行でも胸の向きがズレていると、スイングの方向はズレてしまう

胸の向きが開いていれば意味がありません。クラブを握る両腕は胸から出ているので、スイング方向は「胸の向き」で決まります。

まず、自分の胸の向きがズレていないかをチェックしましょう。

自分がまっすぐだと思っている姿勢で立ち、両手を左右に水平に広げます。ここで方向がズレているようであれば、あなたの「まっすぐの感覚」もズレています。さらに、その姿勢のまま体を左右にひねってみましょう。それがスイングの方向ということになります。

最初はまっすぐに立って行い、次に前傾して実際のアドレスに近づけて、正しい感覚を身につけましょう。

次に、ズレの少ないアドレスの入り方をおぼえましょう。

①ボールの後方から目標物（カップ）を見て打ち出し線（ライン）を決める。
②打ち出し線と胸が平行になるようにボールの横に立つ。このときスタンスの向きは気にしない。
③左右の手の関係を維持したまま、胸の前でグリップをつくる。
④クラブを軽く上下に振ってフェースの向きを合わせる。
⑤体をまっすぐ折りたたみながら、ソールを床につけるようにクラブを下ろす。
⑥下ろしたフェースの位置がボールに合うところまで、姿勢を変えずに自分が移動して立ち位置を微調整する。

ズレが生じないアドレスの入り方

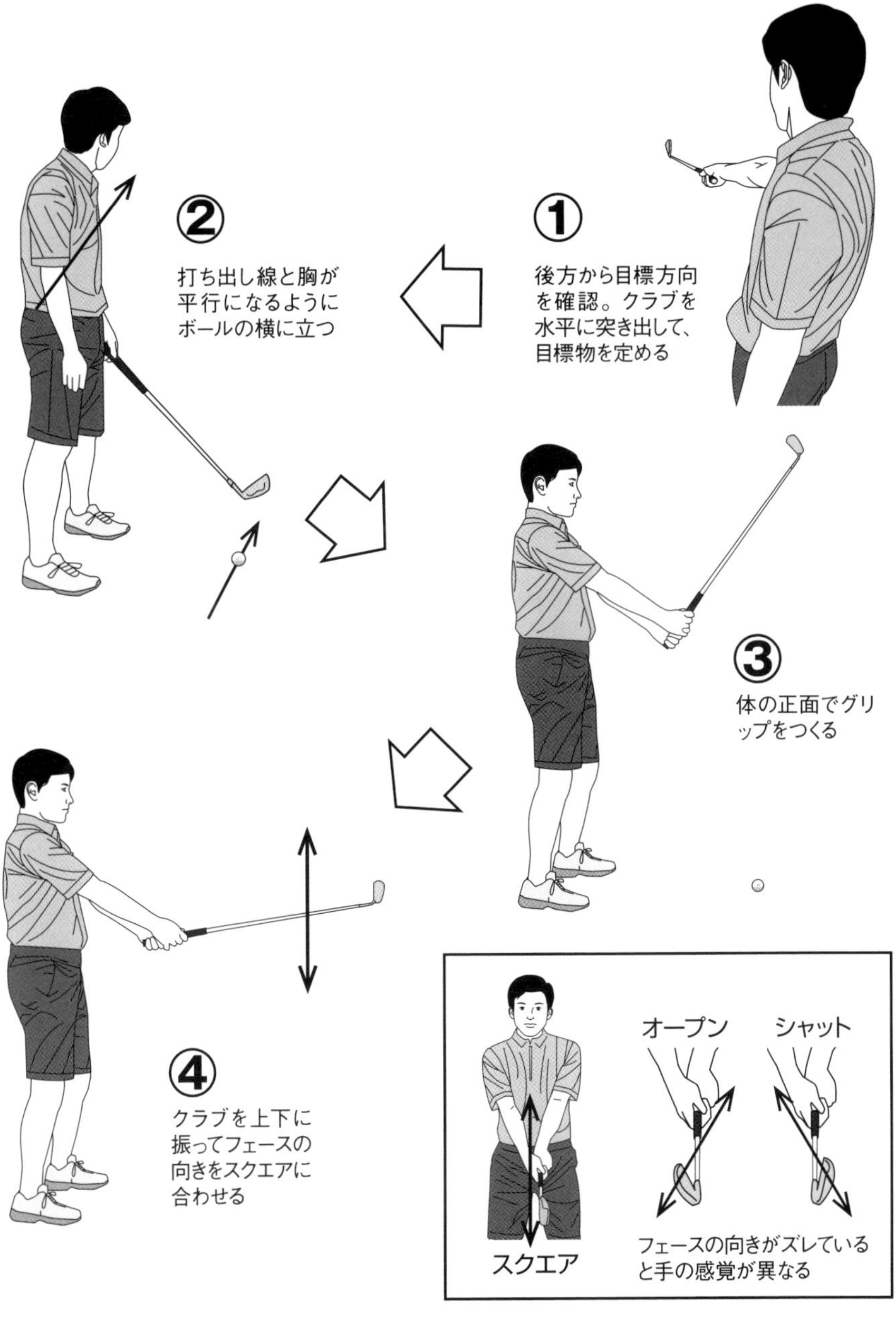

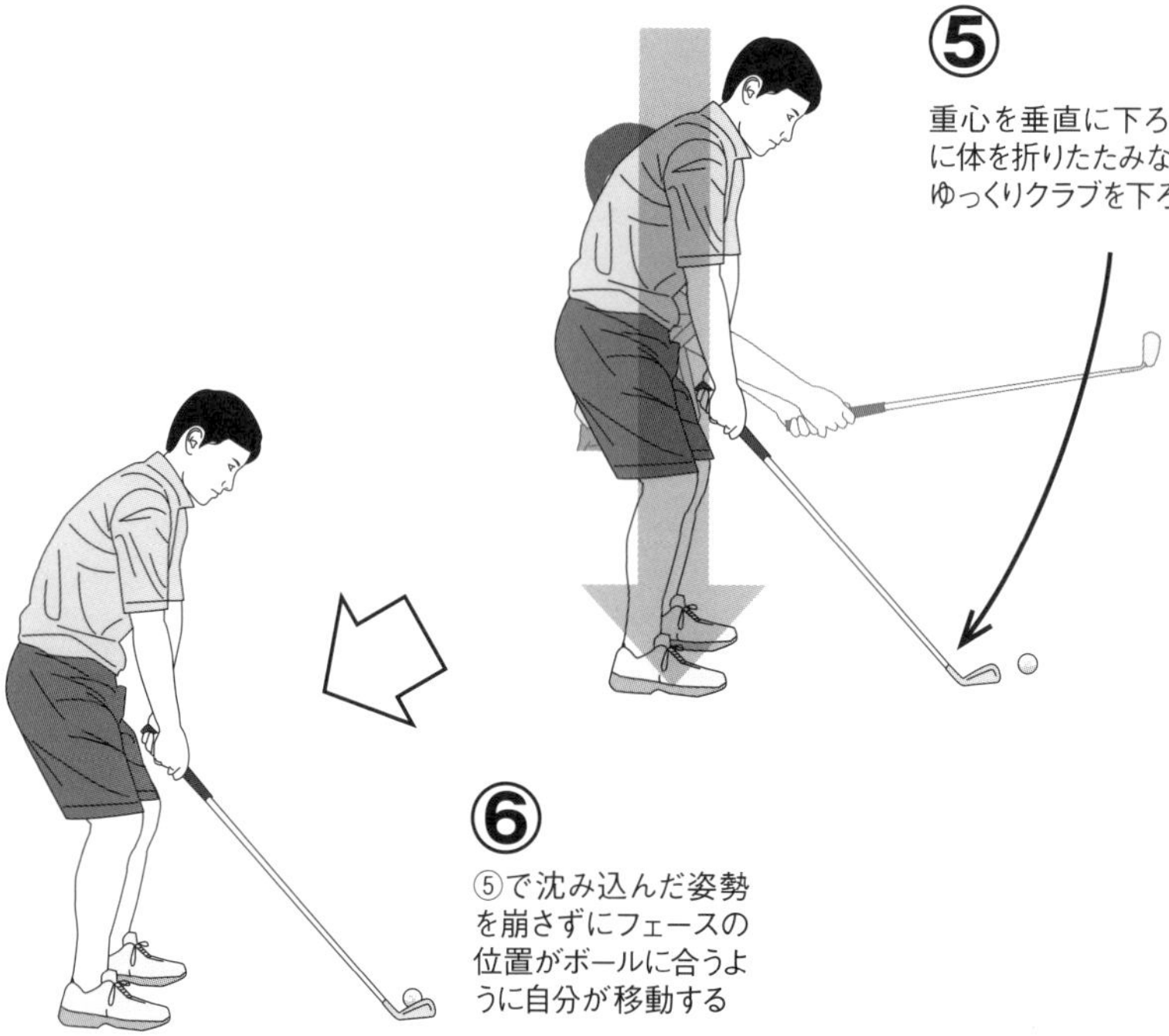
⑤
重心を垂直に下ろすように体を折りたたみながら、ゆっくりクラブを下ろす
⑥
⑤で沈み込んだ姿勢を崩さずにフェースの位置がボールに合うように自分が移動する

これが、正しいアドレスの入り方です。

体の正面でクラブを軽く上下する（④）理由は、クラブヘッドの形状に惑わされずにフェースを正面に向けるためです。フェースがまっすぐに向いていれば、クラブヘッドを上下に振ったときに軽く感じます。ヘッドが開いたり閉じているときとの「手の感触の違い」をおぼえておくことが大切です。視覚に頼りすぎて錯覚にとらわれないようにしましょう。

パターで行うときは、これら一連の手順をわきにクラブをはさんだまま行うことで、正しいアドレスの感覚をつかみやすくなります。

Chapter 3

アプローチ職人への第一歩！

パター気分で打てるランニングアプローチを身につけよう

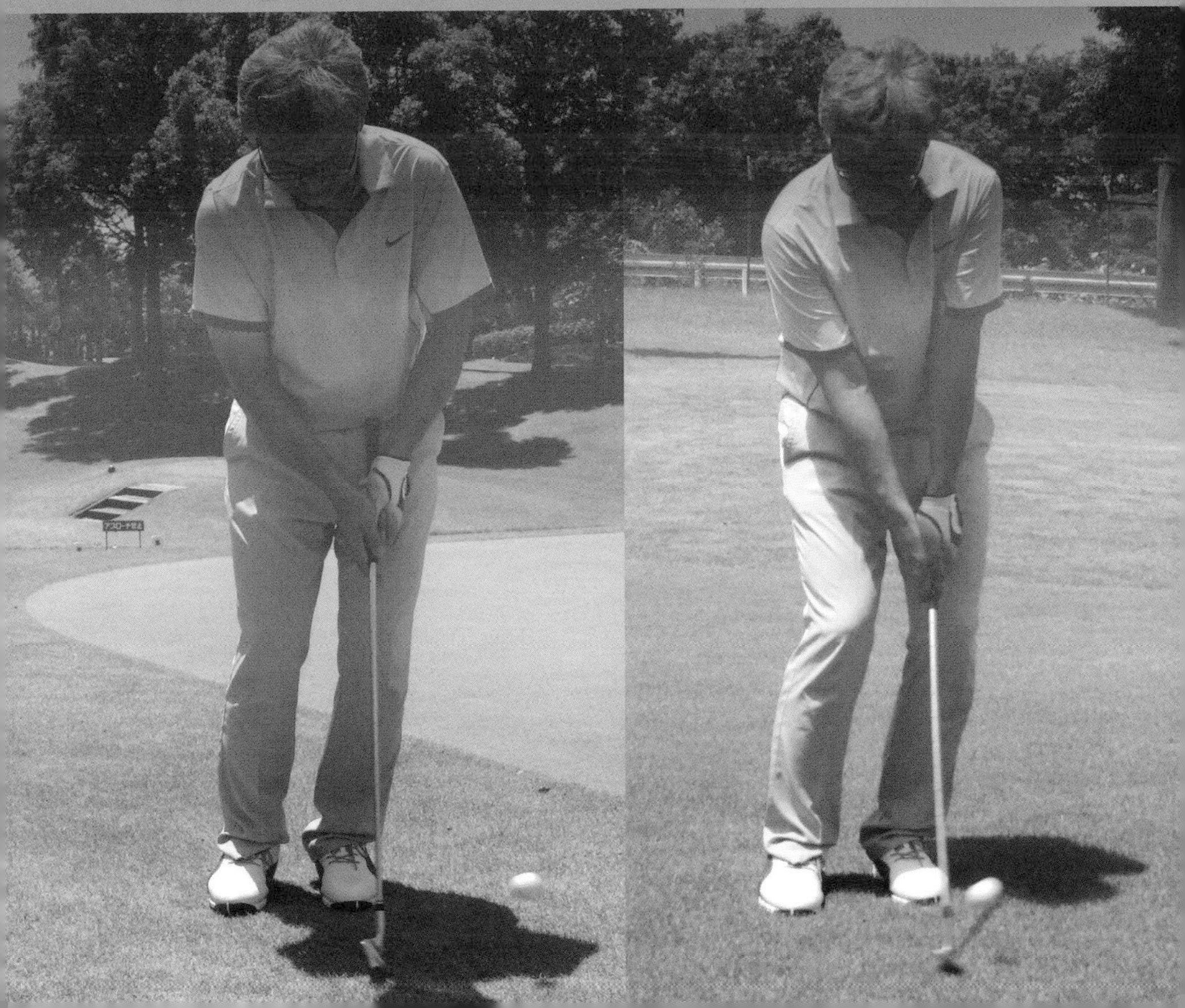

PROLOGUE ③

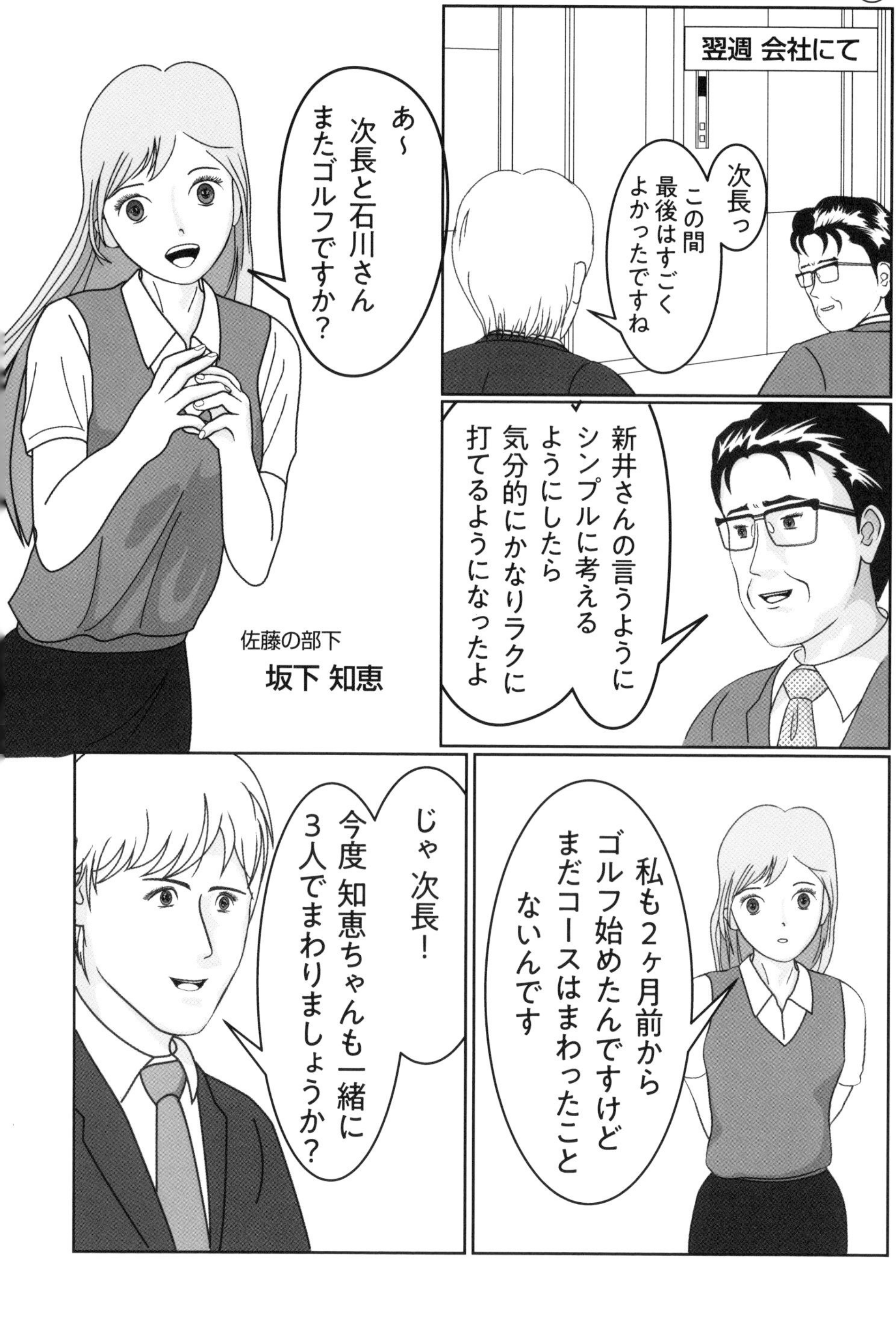
翌週 会社にて
次長っ この間 最後はすごく よかったですね
新井さんの言うように シンプルに考える ようにしたら 気分的にかなりラクに 打てるようになったよ
あ〜 次長と石川さん またゴルフですか？
佐藤の部下
坂下 知恵
私も2ヶ月前から ゴルフ始めたんですけど まだコースはまわったこと ないんです
じゃ 次長！ 今度 知恵ちゃんも一緒に 3人でまわりましょうか？

ラウンドするとなると
なんか緊張してきた
練習しないと……
ははは
平常心　平常心だよ
ね　石川くん
じゃ コース押さえておきますね
初心者の知恵ちゃんもいるから
河川敷でいいですよね
やったー
こりゃ　私も練習して
おかないとならんな……

数週間後 土手河原GC
1番ホール 347y パー4
うわぁ～すっごく広い!!
確かにほぼまっ平ら だから広く見えるね……
ナイスショット
じゃ 次長からどうぞ
知恵ちゃんは前のティだから先に ボクが打つね

パシッ
ナイスショット
2人とも すごいですね 私 飛ばないから……
大丈夫 大丈夫
えっ
じーっ
ポンッ
ガチ
ガチ

セカンド地点　残り180y
まだ届きそうにないかな……
とりあえず3wで打っておこっと……
えいっ
カツーン
やっぱり……
セカンド地点　残り120y
ちょっとアゲインストだから7番アイアンでもいいかな……
あぁっ!
大きかったかっ

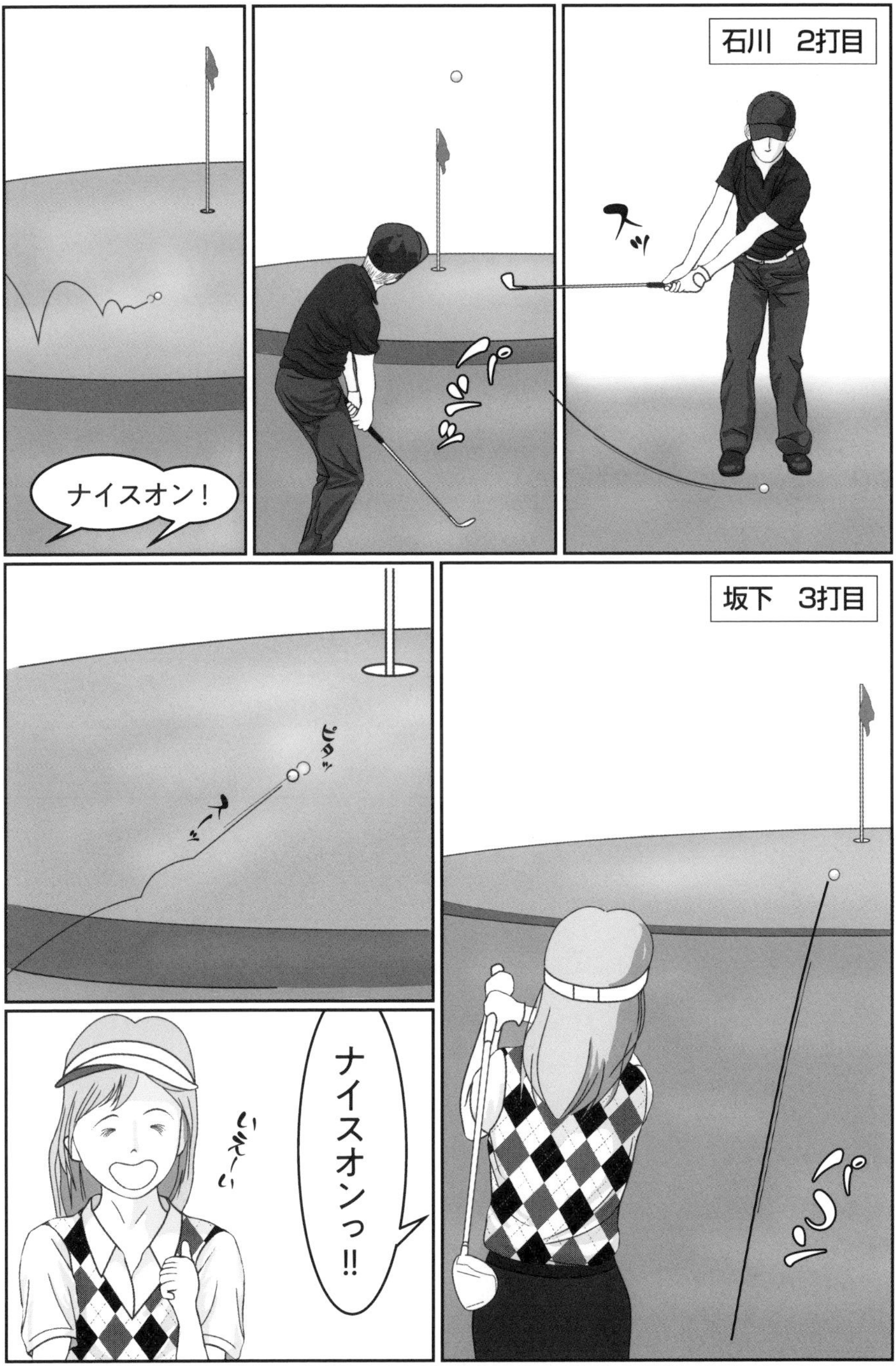
石川　2打目
スッ
パシッ
ナイスオン！
坂下　3打目
パシッ
スーッ
ピタッ
ナイスオンっ!!
いえーい

佐藤　3打目
あっ
ちょっと短い
トン
ピタッ
知恵ちゃん
ピンさしたままで
いいよね？
あ
はい
ピタッ

石川　3打目
石川　−1
ラッキーっ!!
佐藤　+1
坂下　+1
ゴルフって楽しいですねっ!!
…………

2番ホール 374y パー4
じゃ
お先にっ！
ナイスショット
よしっ!!
パシーン
次長
飛びましたね
石川のボール
佐藤のボール
坂下のボール
残り約180y

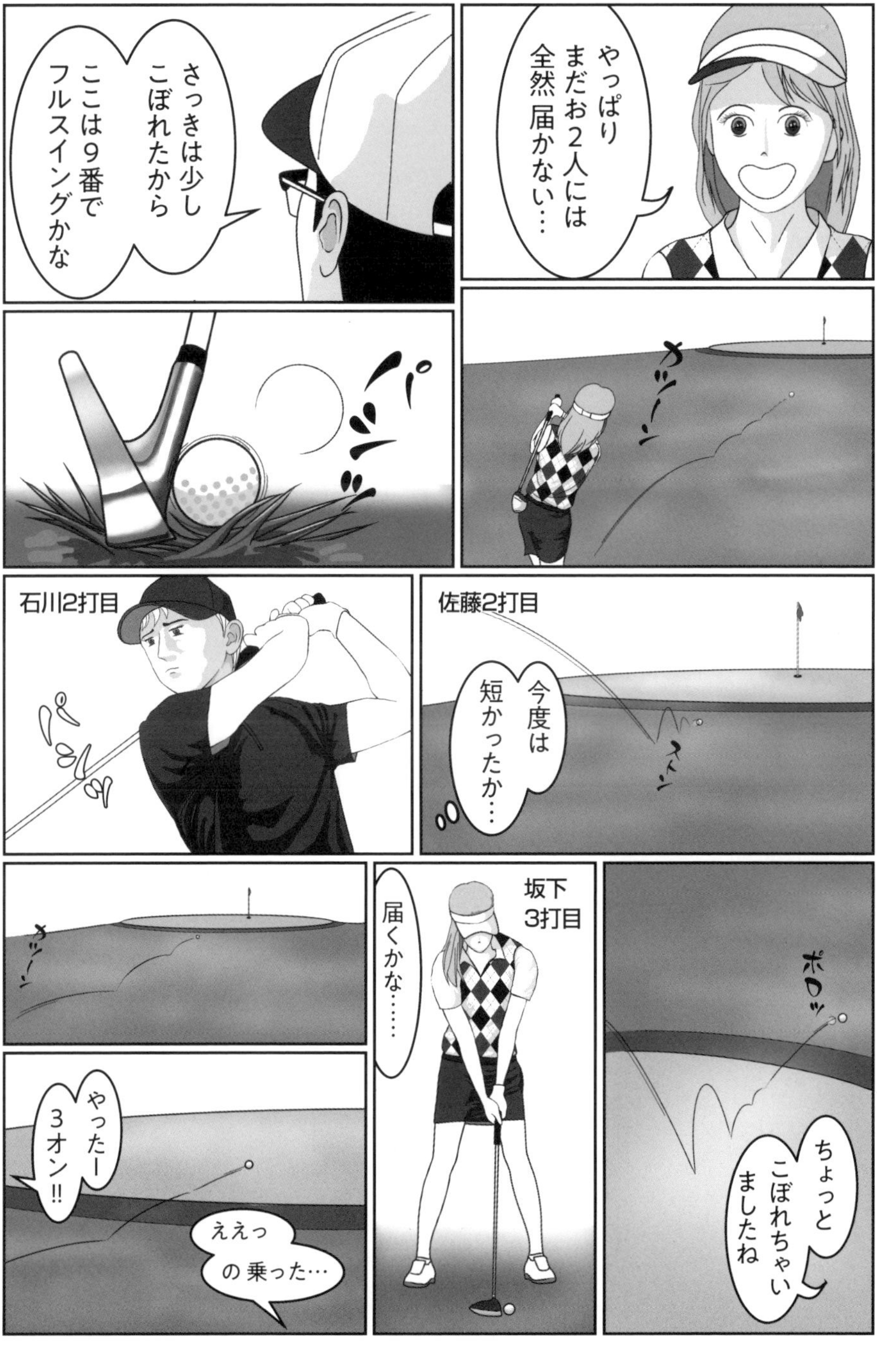

やっぱり まだお2人には 全然届かない…
さっきは少し こぼれたから ここは9番で フルスイングかな
パシッ
佐藤2打目
ストン
今度は短かったか…
石川2打目
ポロッ
ちょっと こぼれちゃい ましたね
坂下 3打目
届くかな……
やったー 3オン!!
ええっ
の 乗った…

佐藤3打目
よし……
約25ヤードだから9番のひざ~ひざの振り幅でいいかな
あぁっ
坊主頭のグリーンだからこぼれちゃいましたね
グリーン近くからだと どうも距離感がつかみにくいんだよな……
コツン
結局知恵ちゃん以下の4オンか
グリーン近くからはランニングアプローチでいいんじゃないですか?
ラ ランニング?

石川3打目
ええ ちょっとやってみますね
おおぉっ
打ち方はパターとほぼ同じみたいに見えるけど……
そうなんです だからラインが出しやすいんです
ランニングで打つときのチップショットだと軌道が水平に近づくから飛ばないぶん方向性が安定するんです

キャリーはグリーンエッジまで届けば十分だからあとはクラブを替えてランの距離を調整してパターと同じ感覚で打てばいいんです
キャリーとランの比率はほぼ同じですけど飛距離が少し変わるんです
クラブ 飛距離 キャリー&ラン比率
8番 25y 1：4
9番 20y 1：2
48° 15y 1：1
54° 12y 2：1
58° 8y 3：1
飛ばなくてもまっすぐ転がるから知恵ちゃんは大崩れしないんです
パチーン
佐藤5打目
あ゛
坂下6打目
キャッ
HOLE 1 2 3
YARD 347 374 182
PAR 4 4 3
石川 3 4
佐藤 5 6
坂下 5 6

3番ホール 182y パー3
さぁ 今日 最初のショートホールですよ
パキーン
あ～ 入っちゃった!
ちょい右ですね……
坂下2打目
石川2打目

ピンまで約20ヤードだから8番アイアンでいいかな……
ここからだと9番アイアンで手もとが足のつけ根からつけ根までの振り幅でいいんじゃないですかね
ランニングの場合は振り幅が小さすぎると距離が出ないから基準にするのは手もとが足のつけ根の内側になるくらいがいいと思いますよ慣れてきたらパターのイメージで振り幅を調整するといいですよ
足のつけ根～つけ根の振り幅ね
シュッ
シュッ
飛距離は自分の距離を練習場で確認しておいてくださいね

佐藤2打目
ゔ
ピッ
パッティングをイメージして打ったら手首を使いすぎて引っかけてしまった……
チップショットはフォームやグリップもパッティングと同じでいいんですよ
逆オーバーラッピンググリップ
クロスハンドグリップ
パターの癖が出やすいから手首を使っちゃうようなら逆オーバーラッピングとかクロスハンドで握ってみるのもいいですよ
フォームもパッティングが五角形ならそれでいいんです
五角形

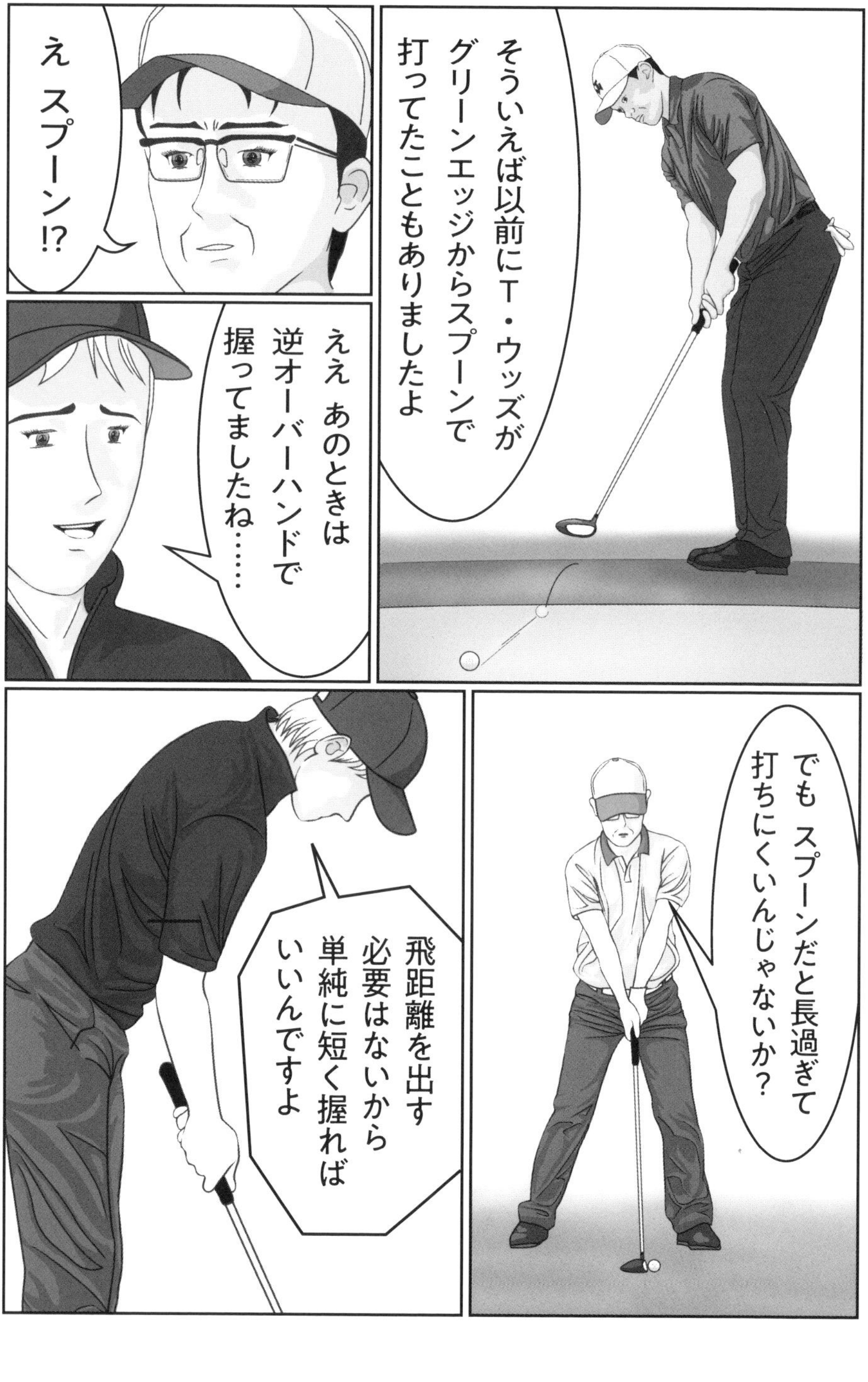
そういえば以前にT・ウッズがグリーンエッジからスプーンで打ってたこともありましたよ
え スプーン!?
ええ あのときは逆オーバーハンドで握ってましたね……
でも スプーンだと長過ぎて打ちにくいんじゃないか?
飛距離を出す必要はないから単純に短く握ればいいんですよ

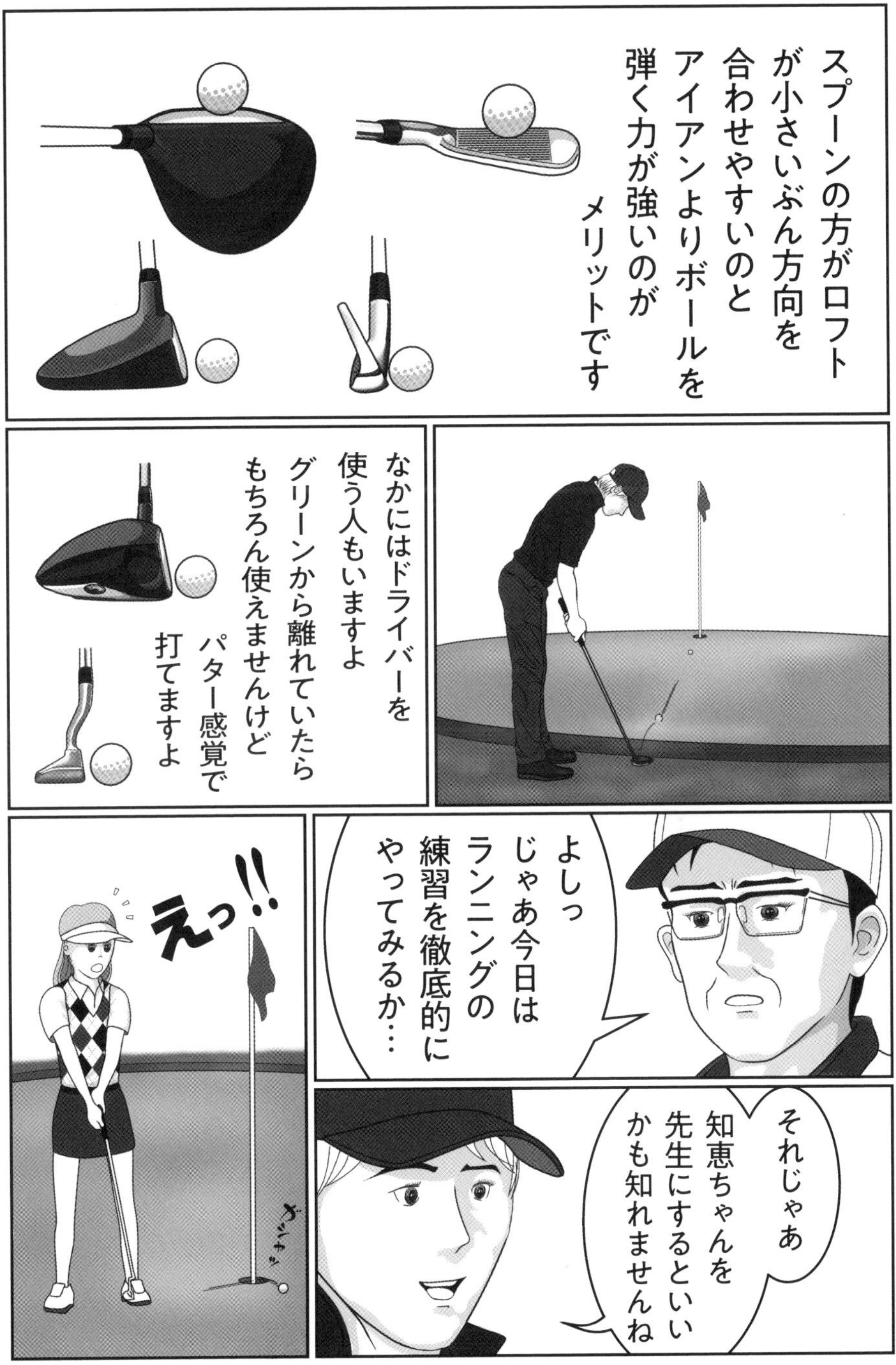
スプーンの方がロフトが小さいぶん方向を合わせやすいのとアイアンよりボールを弾く力が強いのがメリットです
なかにはドライバーを使う人もいますよ
グリーンから離れていたらもちろん使えませんけどパター感覚で打てますよ
よしっ じゃあ今日はランニングの練習を徹底的にやってみるか…
それじゃあ知恵ちゃんを先生にするといいかも知れませんね
えっ!!
ガシャッ

Chapter 3

「転がすアプローチ」を身につけよう!!

●2つのスイングを身につけることが「アプローチの達人」への第1歩!!

基本のハーフショットができるようになったら、次に**ランニングアプローチ**を身につけるとプレーの幅が大きく広がります。この2種類のスイングがアプローチのコアとなります。とはいえ、決して特殊なスイングをおぼえる必要はありません。

かんたんに言葉で説明すると、「**上げるための打ち方**」と「**転がすための打ち方**」をマスターすればいいのです。

ボールを上げるためには「クラブを上に持ち上げて下に振り下ろす」、転がすためには「クラブを後ろに引いて前に出す」ということです。体の使い方は、上げるスイングは通常のショット、転がすスイングはパターのストロークと同じです。

ここからは、上げるための打ち方を「**ハーフショット**」、転がすための打ち方を「**チップショット**」として解説していきましょう。

インパクトゾーンのヘッドの軌道

●「ハーフショット」…上げるための打ち方

クラブヘッドが上から落ちてくるため、インパクトが強くボールを上げやすい

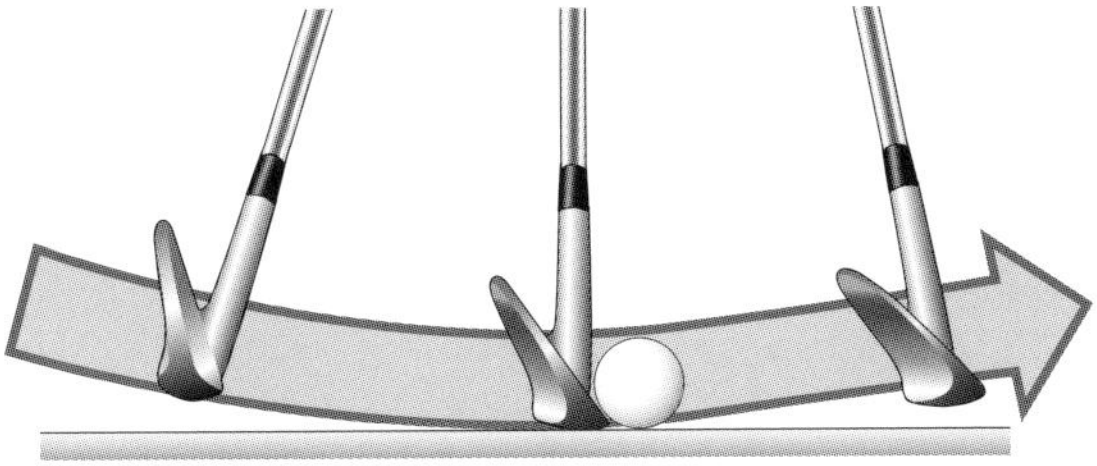

●「チップショット」…転がすための打ち方

ハーフショットに比べて横からのインパクトになる

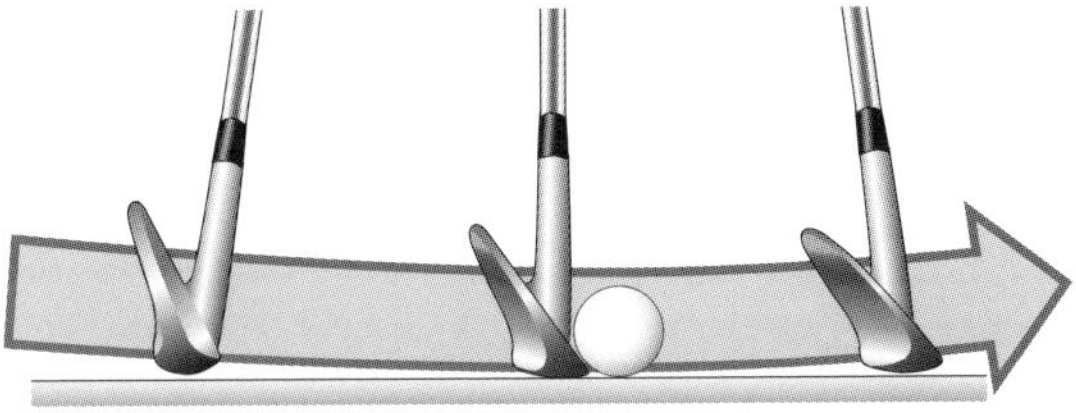

これら2つのショットでは、スイングの軌道が少し異なります。ハーフショットではインパクトに向けてヘッドが上から落ちてくるのに対して、チップショットではヘッドが横からインパクトします。

ヘッドが上からになるぶん、ハーフショットのほうがボールを弾く力が強くなります。しかし、ロフトの大きさは同じため、キャリーとランの比率は同じです。

応用的な技術として、さまざまなアプローチショットがありますが、スイングとしてはこの2種類だけマスターしておけば大丈夫です。あとはアドレスのスタンスを変えるだけで、スイング自体は変えずに打球の弾道を変えることができます。

Chapter 3

打ち方もアドレスもパッティングのイメージで打つ!!

●パッティングのストローク感覚で打つのがチップショット

ハーフショットがボールを上げる打ち方なのに対して、ボールを転がすランニングアプローチの打ち方がチップショットです。ハーフショットがクラブを振り下ろすのに対して、チップショットではクラブを後方に引いて前に出すインパクトになります。

チップショットのスイングイメージは、通常のショットではなく、パターのストロークに近くなります。

チップショットでは、**アドレスの姿勢もスト**

○チップショットのアドレス

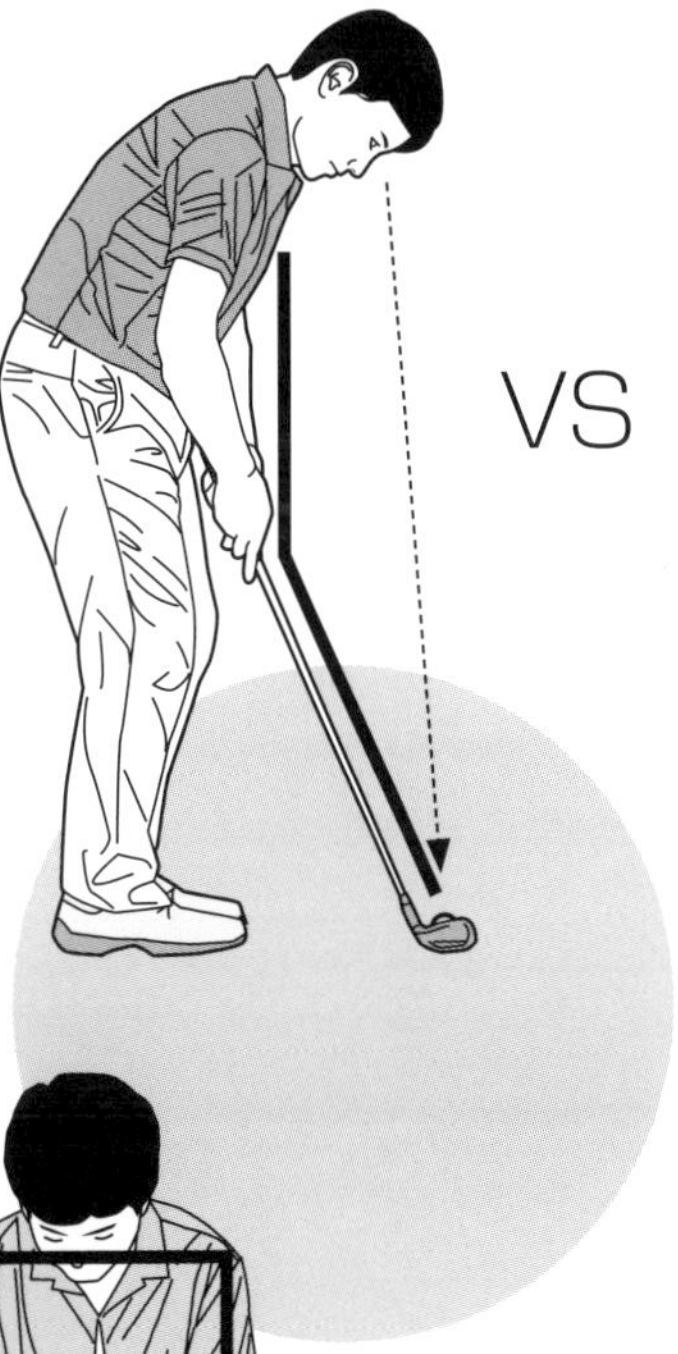

VS

●ハーフショットのアドレス

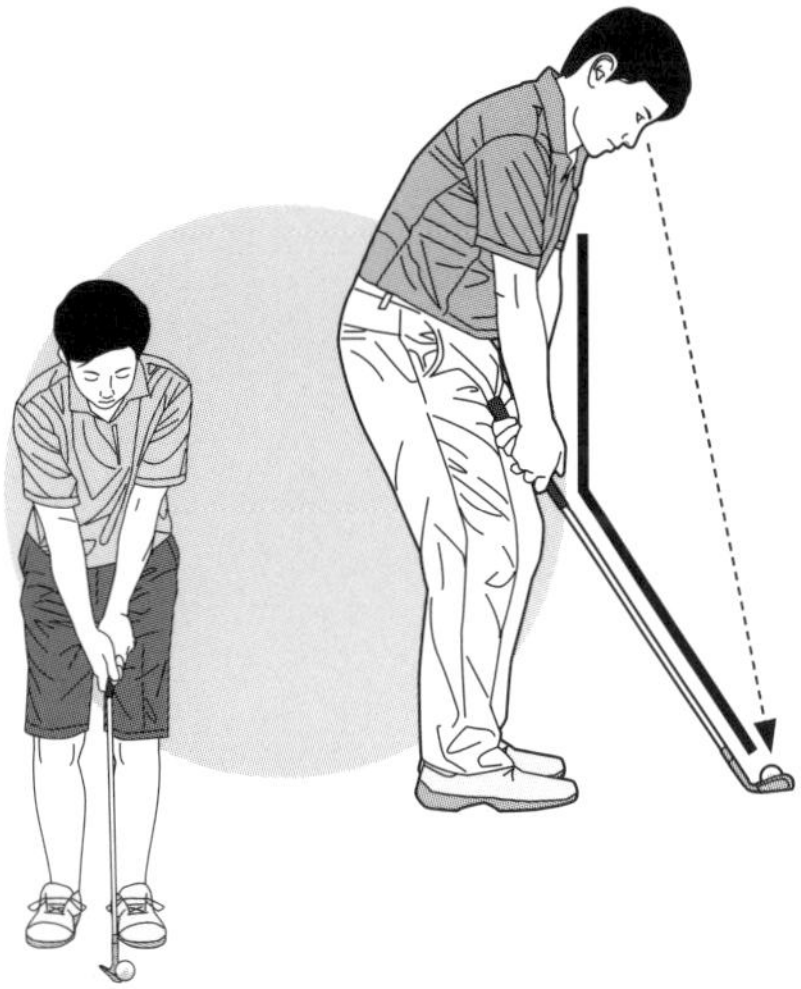

ロークに近くなります。ハーフショットのときに比べ、ボールを近くに置き、ボールを上から見るため、前傾が少し深くなるのが特徴です。もし、パッティングのときに、両肩と腕で五角形をつくるフォームでストロークしているようなら、チップショットのフォームもパターと同様に行うことで、振り幅の調整もしやすくなるでしょう。

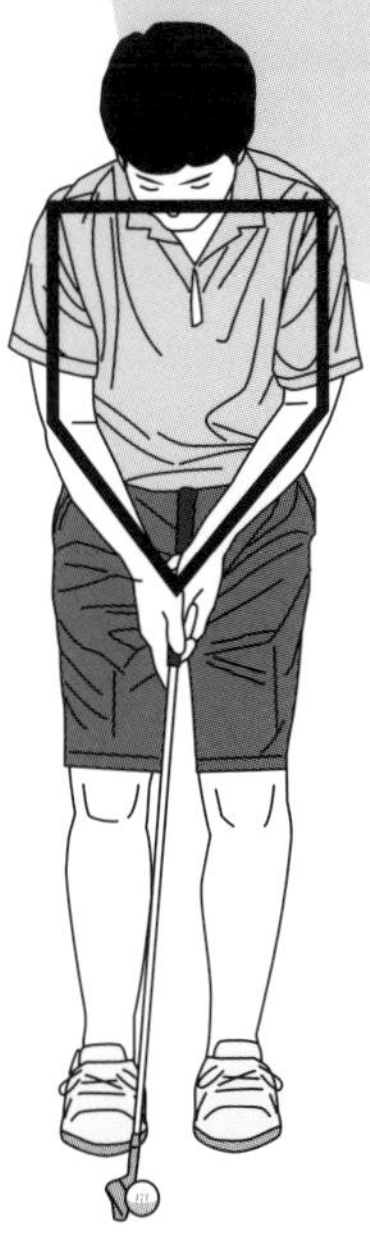

パッティングのときに両肩のラインと両腕で五角形をつくるフォームの方はチップショットでも同じフォームにすると安定する

Chapter 3

パター練習でチップショットも上達する!!

●インパクトゾーンでヘッドが自然にまっすぐ移動するストロークを身につけよう

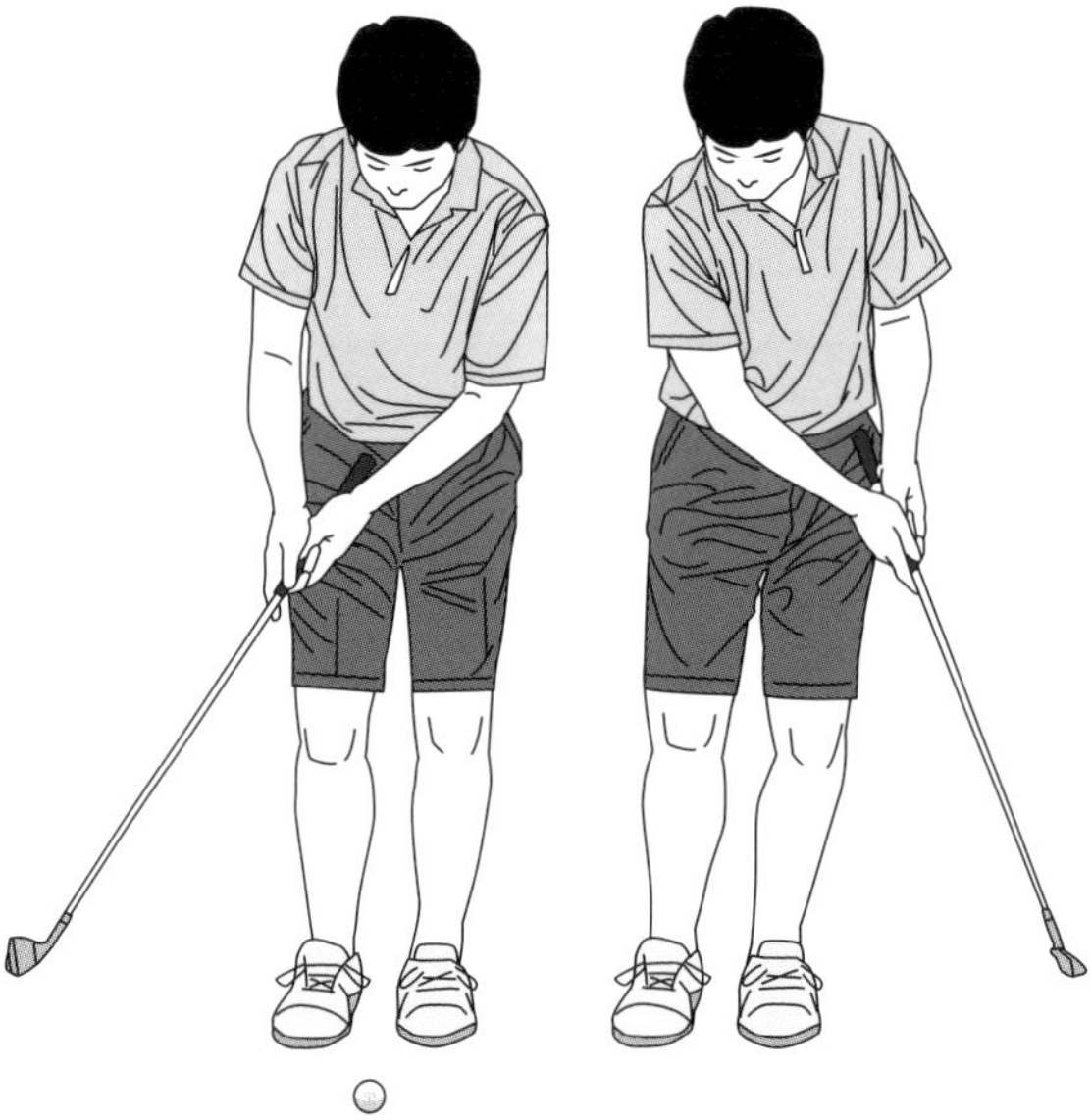

チップショットの**体の使い方は、ロングストロークの動きに酷似**しています。

グリーンの比較的近くから打つことも多いショットのため、パッティングと同様にボールが視界に入りやすくなります。パッティングで打球の行方が気になってヘッドアップしてしまう方などはチップショットでも同じ癖が出やすいので要注意です。

また、パッティングのときに無意識にボールを打ちにいく動きになっている方は、チップショットでも上体が突っ込んでザックリしやすくなります。

パターのストロークで正しいフォームを身につけよう

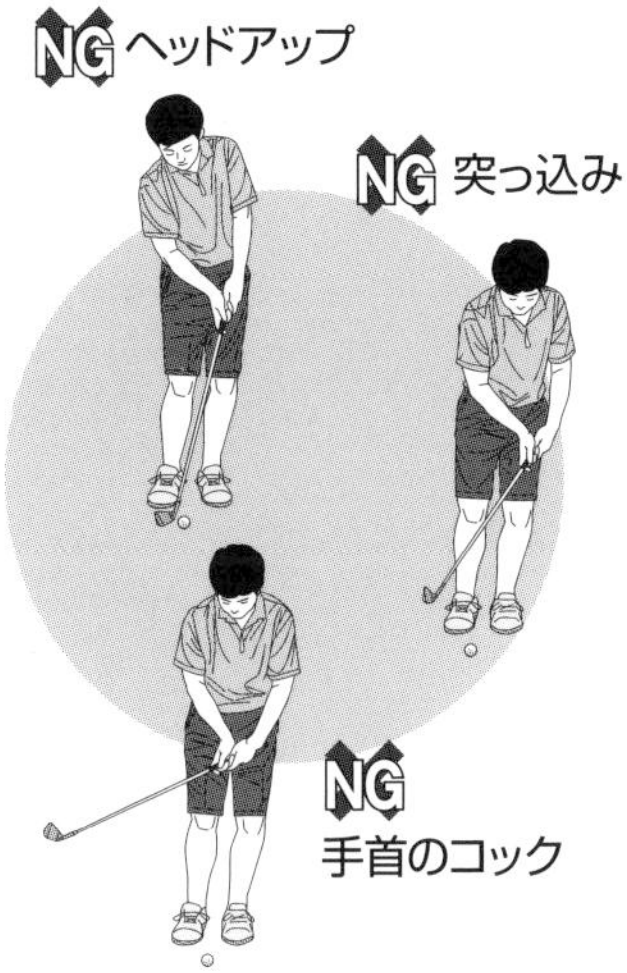

パッティングが苦手な方は、まず**パターのインパクトゾーンを意識したパッティング練習**から始めることで、チップショットをかんたんに身につけられます。

体の正面の30センチ程度は、自分から見てクラブはほぼまっすぐに移動します。このインパクトゾーンを意識してストロークしましょう。

インパクトゾーンを意識する練習

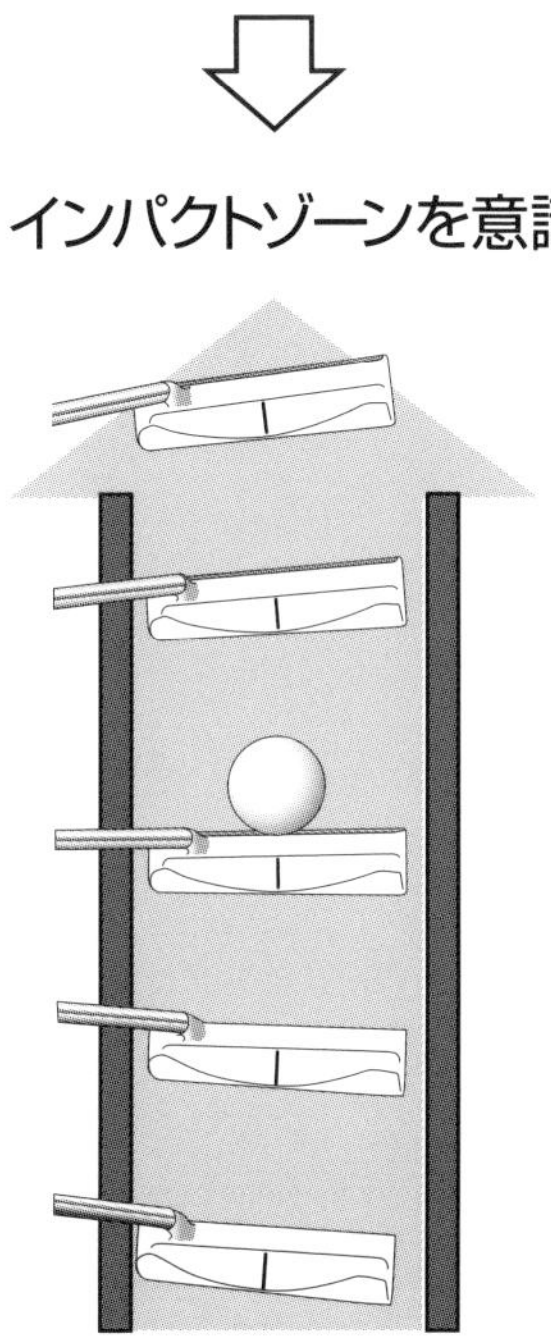

パターヘッドの幅でインパクトゾーンに置いた30cm程度のレールにヘッドを通す練習が効果的

Chapter 3

ストロークでは「右肩の下がり」に注意しよう

●クロスハンドで握れば右肩の下がりが矯正できる!?

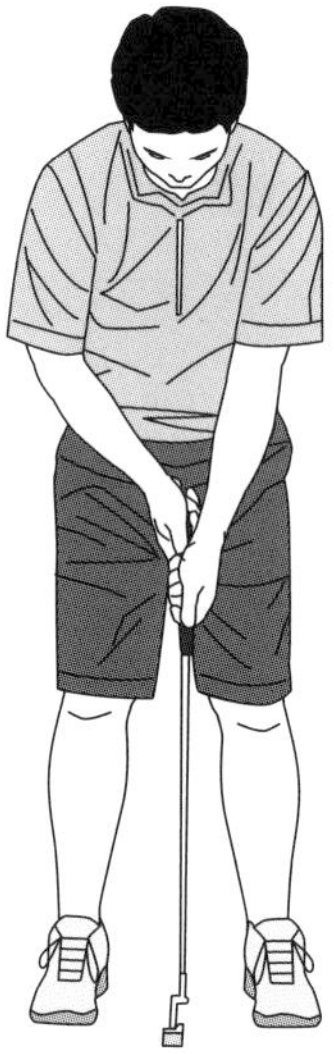

最近、プロの間でもよく見られるようになったクロスハンドストローク

最近、パッティングでプロの間でも多く見られるようになったのがクロスハンドグリップです。この**クロスハンドグリップ**で打つことでチップショットのフォームのチェックをすることができます。

ストロークの打ち出しの部分でもっとも注意したいのが「**右肩が下がる動き**」です。クラブを手もとでコントロールしようとすると、体が

クロスハンドで打てば体が開かなくなる

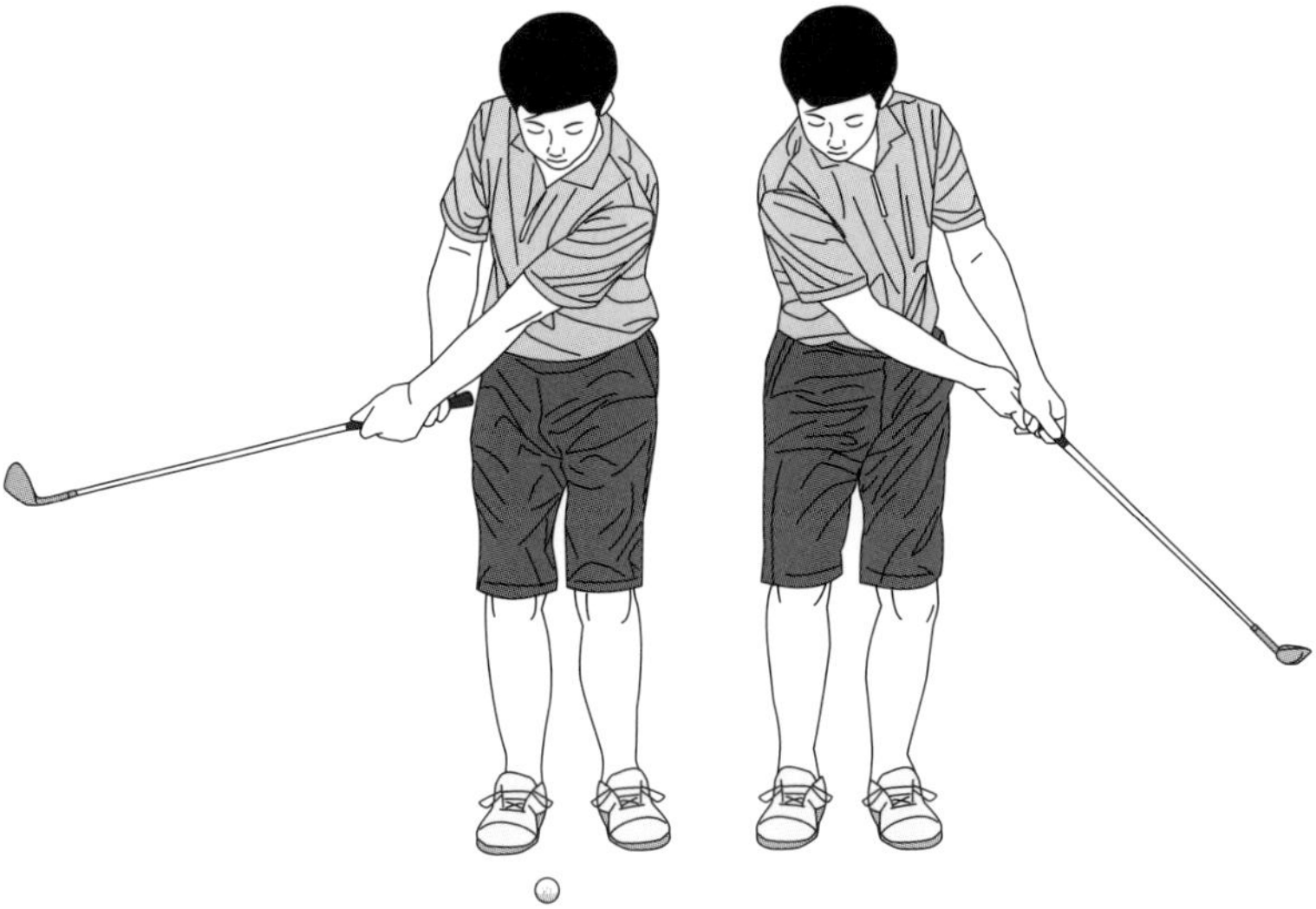

開いて右肩が下り、インパクトゾーンのクラブヘッドの動きが乱れます。グリップをクロスハンドにすることで、強制的に右肩が下がらない状態をつくることができます。

クロスハンドに握って、手先でボールを上げようとするとクラブにボールが当たりません。クロスハンドでは、ダウンスイングで体の左側が開きにくくなるため、体を開こうとする動きをすると、クラブにボールが当たらなくなってしまうのです。

この打ち方に慣れてきたら実際に**アプローチでもクロスハンドグリップを使ってみるのもいい**でしょう。たとえば、ラウンド中に、体が開いてボールが右に行き始めたところで、クロスハンドに切り替えることで、体の回転を意識したスイングに引き戻すというのも有効な手段です。

Chapter 3

体の正面の30センチがすべてのスイングの基本

●すべてのゴルフスイングの目的はインパクトゾーンでのヘッドの動き

今まで本書では、ハーフショットとチップショットの2種類に分けて解説してきましたが、実はこの2つのショットも基本は同じです。おそらく、読者の皆さんの多くも、スイングとストロークをまったくの別モノと考えていることでしょう。

しかし、よほど器用な方でない限り、2つの複雑な動きをそれぞれ身につけて使い分けるということは難しい筈です。ストロークの延長線上にスイングがあると考えれば、いくつもの複雑な動作を使い分ける必要がなくなり、すべてをシンプルに考えることができます。

ショートストロークでは、体の使い方もスイング軌道もまったく考えずに、ただまっすぐ押し出せれば入ってしまうのも事実です。実際、30センチ未満のストロークであれば、ボールにクラブをチョコンと当てるだけでカップインします。

しかし、**ショートストロークでもクラブヘッドは微妙な弧を描いています。**

インパクトゾーンでの自然なクラブの動きは自分から見れば、一見まっすぐに移動しているように見えるのも確かです。しかし、意図的にまっすぐに押し出したり、弧を意識し過ぎてしまうのはＮＧです。

自然な体の動きでストロークした結果、微妙にヘッドが回転しながらも、ほぼまっすぐにボールを押し出すイメージを持つことが大切なのです。

そのためには、手先でインパクトを調整するのでなく、**体幹からしっかりストロークする**必要があります。

ショートストロークにありがちな勘違い

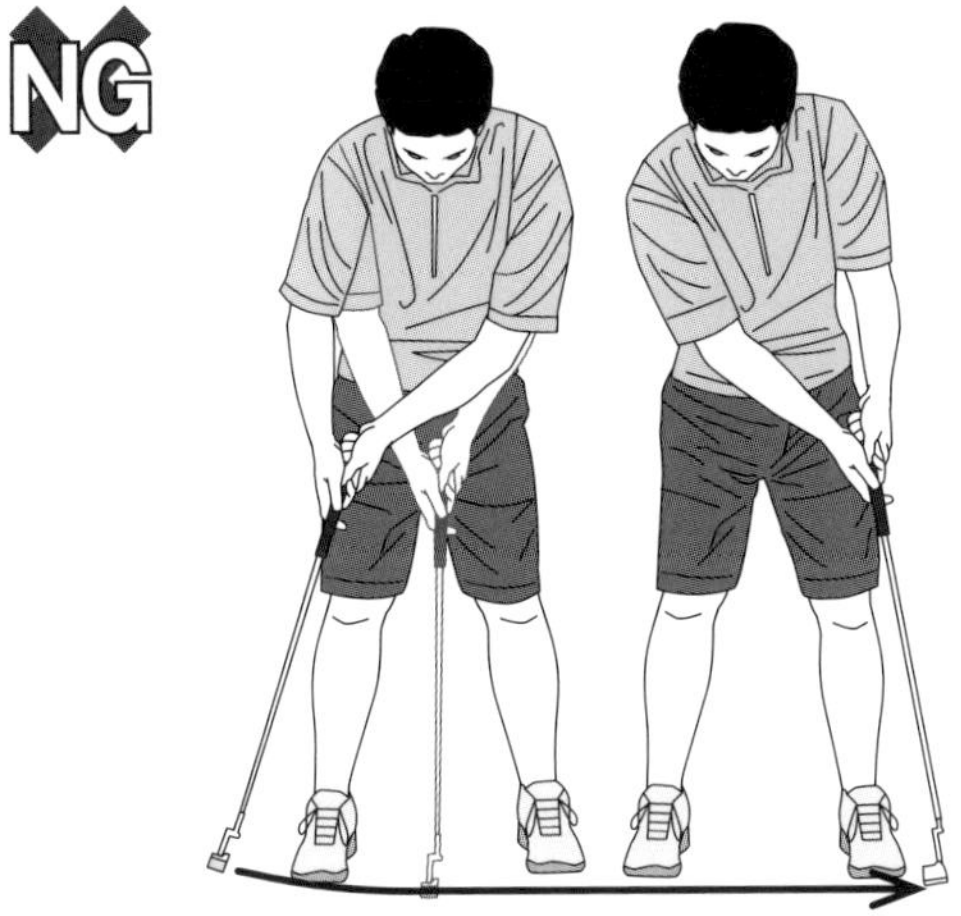

まっすぐ引いて、まっすぐ押し出す

実は、この動きこそが**すべてのスイングの基本**となるのです。つまり、ショートパットをしっかり打つことが、アプローチのハーフショットやチップショットだけでなく、アイアンやドライバーなどのスイングを確認することにもつながるのです。

しかし、自分のすべてのスイングを確認できる重要な動きであるにもかかわらず、実際のラウンドではあまり打つ機会がないのもこのショートストロークです。

たとえば、パッティングの練習をするときにも、多くの方は1メートル程度の距離から練習を開始して、徐々に距離を伸ばしていくことと思います。コースでのラウンドでも、「ＯＫ」と言われて打たない人も多いのがこの距離のストロークなのです。

「ＯＫ」と言われつつ、実際にチョコンと当てて入らなかった経験を持つ人も多いのではないでしょうか？

それは、実際に入れようと思うと手が力んで、動きがぎこちなくなるからです。とくに、試合やコンペなどの大切な状況で、真剣になればなるほど力みが生じます。つまり、**もっとも力みやすいこの距離に慣れておくことが**、**アプローチはもちろん**、**すべてのショットの安定につながる**のです。

ショートパットでのヘッドの「正しい軌道」

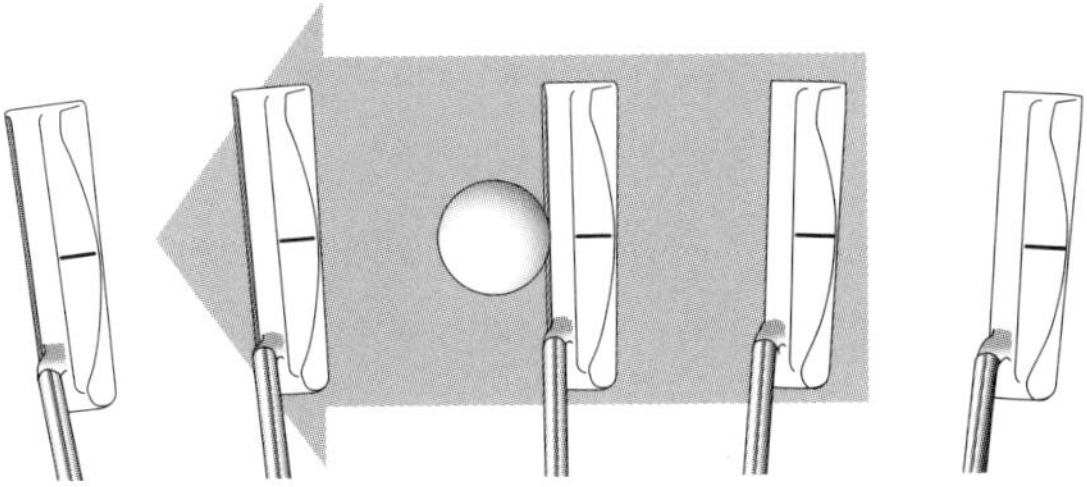

○ ストロークした結果、ほぼまっすぐにヘッドが移動する

NG 間違った軌道のイメージ

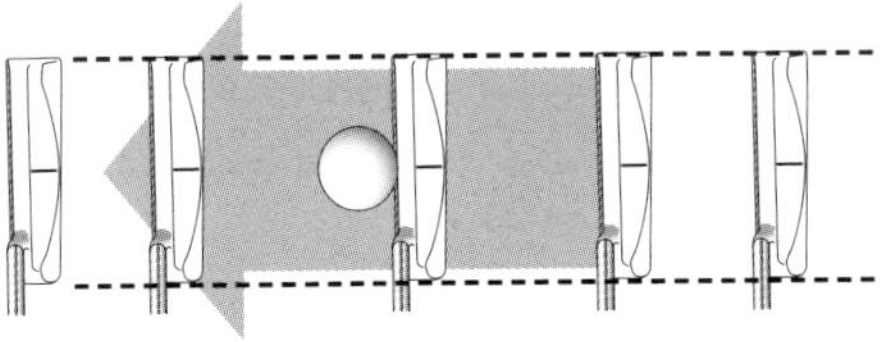

× フェースをスクエアに保って
まっすぐ押し出す

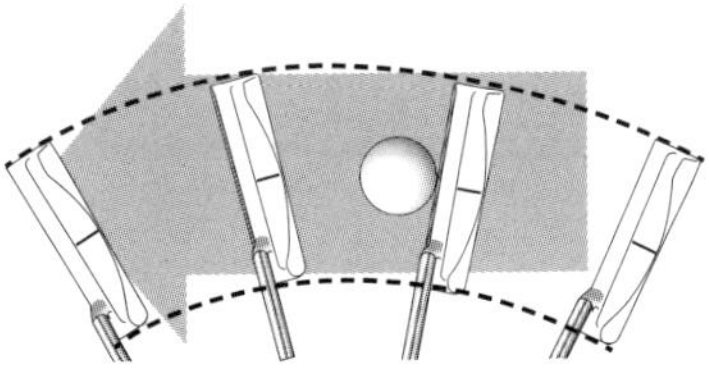

× 弧をイメージし過ぎて
インパクトが安定しない

Chapter 3

ランニングアプローチに直結するパター練習

●すべてのスイングに共通する正しいフォームとインパクトの感覚を身につけよう!!

ゴルフスイングの動作は、非常に複雑な動きと考えている方も多いかも知れません。しかし、実は非常にシンプルな動きでいいのです。しかし、その**シンプルな動きを邪魔する多くの要素**が存在するのも事実です。また、周囲に多くの情報が溢れていることで、それらに振り回されてしまう方も少なくありません。

ここでは、アプローチが苦手な方に多く見られる「ヘッドアップ」と「ボールをはじく」スイングについて、その原因と矯正ドリルを見ていきましょう。

●ヘッドアップ

アプローチでよくミスショットをしてしまう方のなかには、その原因がヘッドアップにあることも多いようです。通常のショットのときに、「左ひじを引け」、「左ひじを折りたため」などと言われてきた方に多く見られます。

通常のスイングでは、何となくフィニッシュはとれているものの、**フォロースルーのとれない小さなスイング**になっていることがあります。その原因はヘッドアップです。若くて筋力のある頃はよくても、筋力や柔軟性が低下してくるとインパクトで合わせる感覚が難しくなってきます。

そんな方のパッティングフォームをチェックしてみると、やはりストロークでもかならずヘッドアップしていることが多いようです。アドレスのズレはそれほどでもないのですが、打つときにかならずボールの行方を追ってしまうのでアプローチも安定しなくなります。

●ボールをはじく

インパクトの強さを手で調節するようなスイングをしている方も、アプローチが苦手なことが多いようです。

スイングと同様に、パターでも右に出るのを恐れて手首を返してしまうので、すべて**左に引っかけて**しまうのです。また、打つときにカチーンとボールをはじいてしまうため距離感もつかめません。ボールをはじく打ち方では、手首でインパクトの強さを調整しているため、インパクトの強さが安定しないのです。

パターのインパクトゾーン練習

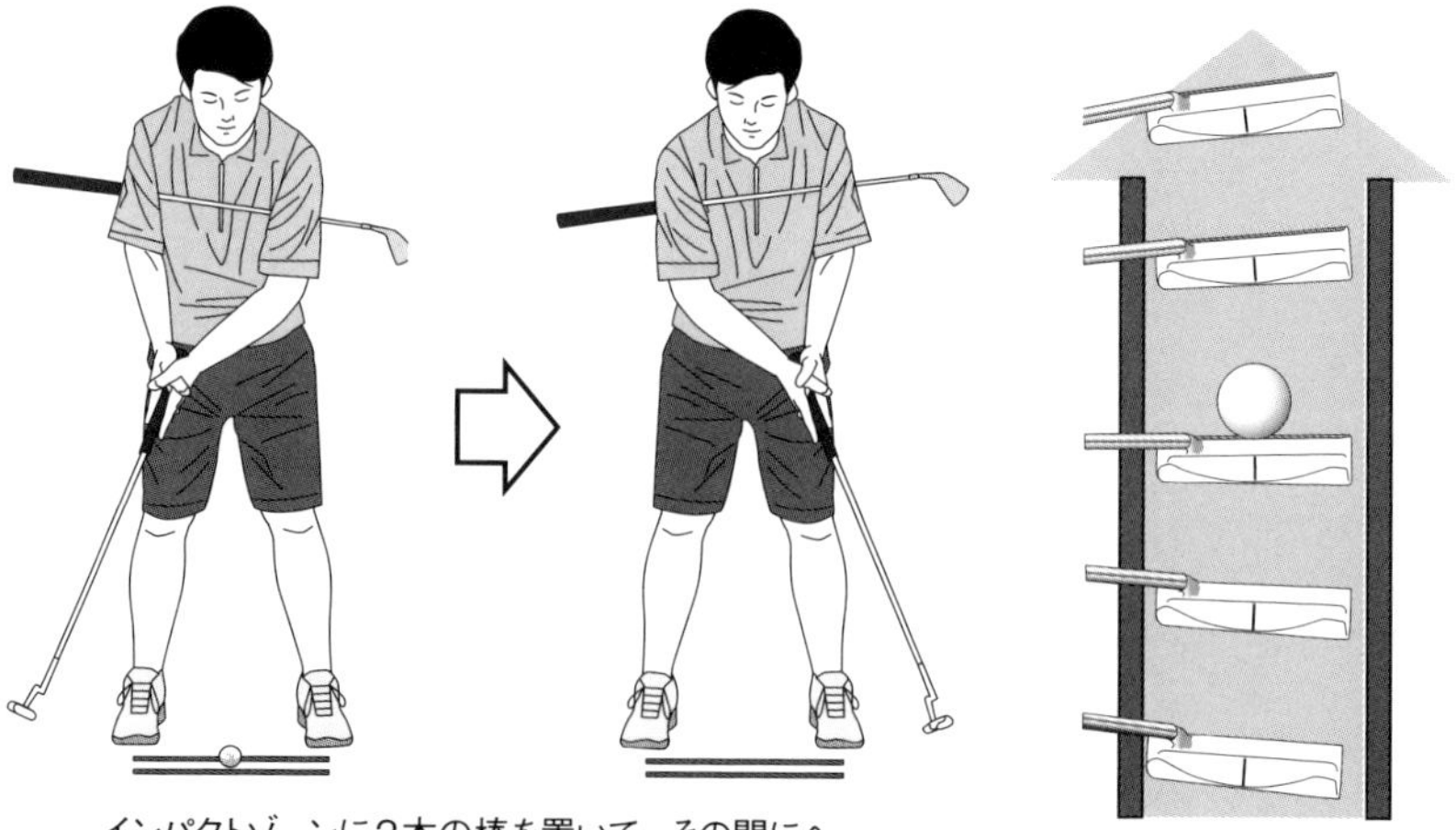

インパクトゾーンに2本の棒を置いて、その間にヘッドを通してストロークする

また、昔ながらのスイングをしている方の多くは、「ボールをつぶす」イメージのインパクトを持っているため、フェースを上からかぶせるのが「ボールをつかまえる」ことと勘違いしているのです。

しかし、それでは今のクラブではボールが飛ばなくなってしまいます。まずは、これまでのスイング概念を変えなければなりません。

これら**のスイングの概念を変えるにはパターを使ったドリルが最適**です。

ヘッドアップ癖があったり、アドレスでの体の向きが少しズレているようなら、インパクトゾーンに2本の棒を置いてパターの**ストローク軌道を安定させる練習**から開始するといいでしょう。

クラブを両わきに挟んで、ヘッドがつま先から

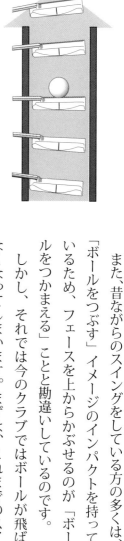

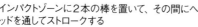

片手パター練習

左肩が上下してしまう場合、左手を右腰に当てて行うと、つっ込んだり開くのを防ぐことができる

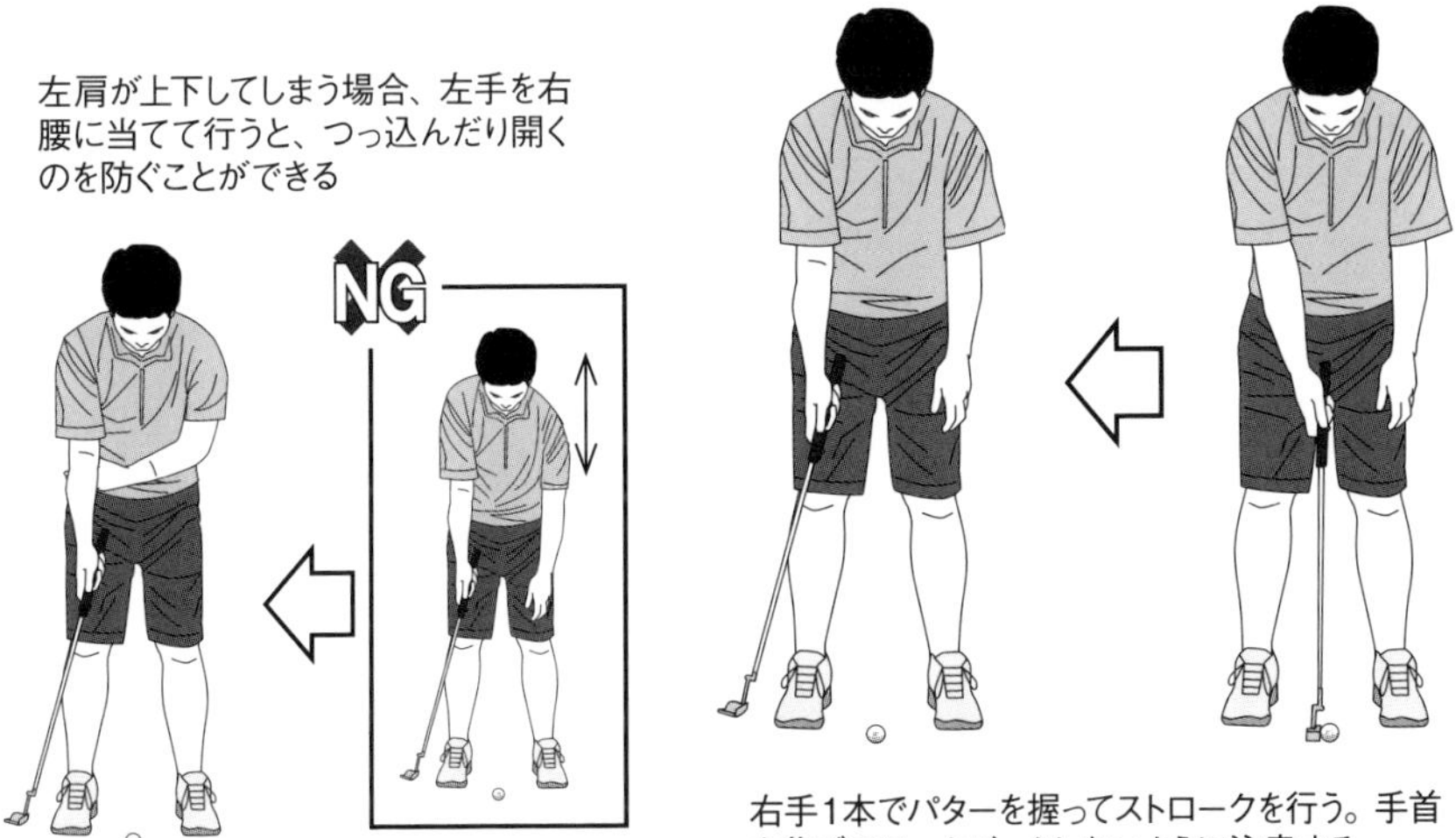

右手1本でパターを握ってストロークを行う。手首を曲げてテークバックしないように注意する

つま先程度に移動する小さな振り幅で、フェースにボールを乗せる感覚をつかむのが目的です。これはショットでボールを捕まえる感覚にもつながる練習になります。

この練習では、両わきでクラブを挟んでいるため、腕や手首が使えなくなります。まさに体幹だけを使ってクラブを振る練習となります。

実際にやってみると「パターってこんな風に打つの？」と、それまで自分のスイングで体幹がほとんど使えていなかったことを実感できることでしょう。

次に、**インパクトで手首を使わなくするための練習**です。

手首を使い過ぎたスイングの多くで、悪さをするのは利き手の手首です。そんな場合は、**右手1本でクラブを短く持ってストロークする**ドリルを

やってみましょう。

ヘッドアップ癖がある方は、左手で右ポケットに触れるように右腰に当てて左肩が上がらない姿勢で行うといいでしょう。

手首を使ってしまう方は、フェースが開くのを手首を返すことで押さえていたため、最初はどうしてもグリップエンドが手首から離れてしまうことでしょう。このドリルに徐々に慣れてくると、腕とクラブの一体感が得られるようになります。

ボールをはじくようなパッティングは、バックスピンやサイドスピンがかかって、方向性や距離感が安定しないのが特徴です。パターでボールをフェースに乗せて打ち出すことができるようになると、それまではじいていたときよりもゆっくりボールが打ち出されるようになります。打球の初速は遅くなりますが、**ボールに回転がかかり、そのスピードを維持できるため、距離感が出せる**ようになります。


両わきにクラブを挟んでストロークすると、なかには「**重心の感覚**」**が変わったように感じる方もいる**ようです。アドレスで体が開いていたり、ヘッドアップ癖のある方などは、それまでよりかなり右重心に感じることが多いようです。しかし、それが普通の重心のバランスだと理解することで、自分の感覚のズレに驚く方も多く見られます。

正しい姿勢に慣れて、これらの感覚を正していくと、ショートゲームが安定するだけでなく、フ

インパクトでボールをつかまえるイメージとは

正しいインパクトイメージ

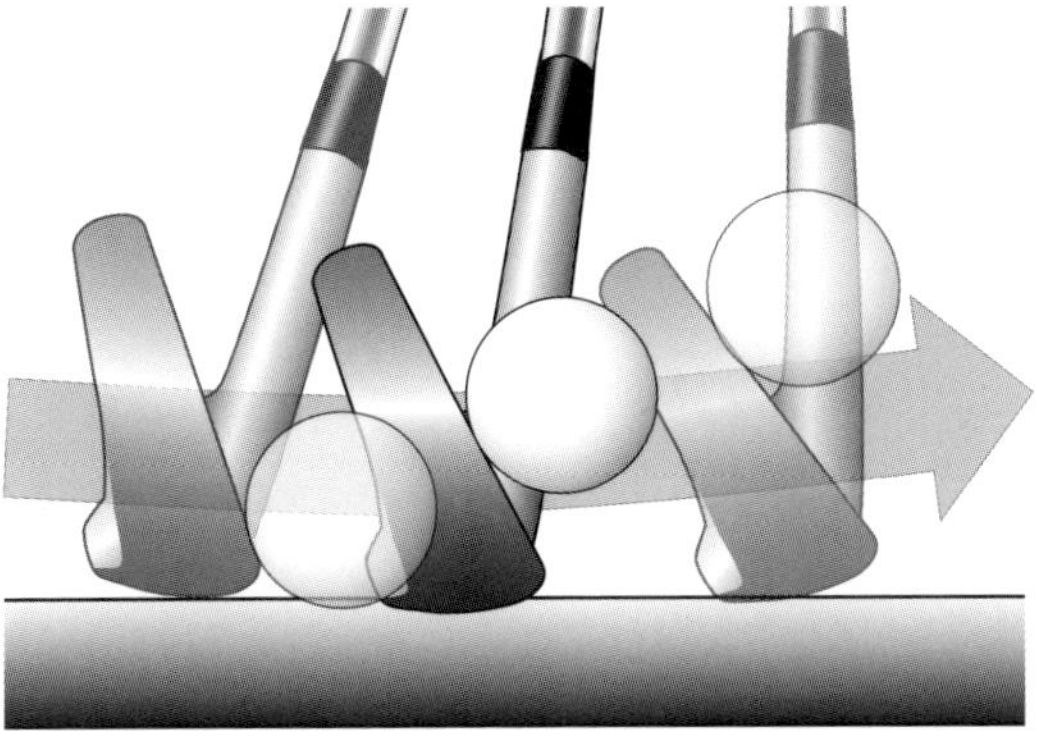

ボールにスクエアにインパクトして、フェースにボールが乗るのが正しい「ボールをつかまえる」イメージ

NG インパクトでボールをはじく

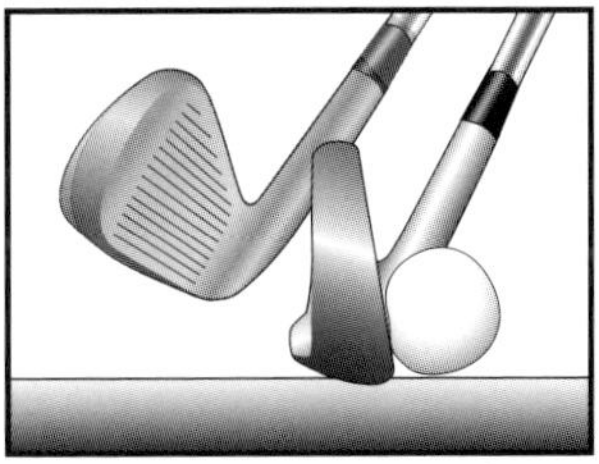

上からボールをつぶすように打ち込んだり、フェースを返してボールをつかまえようとする

ルスイングでの「インパクトでは手が伸びるだけで手首は返さない」動きができるようになります。同時に、それまでの「ボールをつかまえる＝フェースを返す」という概念が、「**フェースに乗せる＝ボールをつかまえる**」に変化します。

雑誌などの連続写真を見ていると、インパクトでクラブヘッドが返っているので、勘違いしてしまいがちですが、ヘッドの向きは自分で操作しなくても、正しくスイングができていれば、自然にインパクトに向けて戻ってきます。

これさえ理解できれば、自然なスイングの邪魔をする余計な動きがなくなります。つまり、スイング自体もよりシンプルなものになるのです。

年に数回しかラウンドできなかったり、加齢とともにスコアが悪くなったような方にも、まだまだスコアが上がる可能性が潜んでいます。

チップショットの距離感と使用クラブ
基準となるのはグリーンまでの距離とピンの位置

●手もとの位置が左右の脚のつけ根の範囲のチップショット

クラブの番手	飛距離	キャリー	ラン	比率
8番アイアン	25ヤード	5ヤード	20ヤード	1:4
9番アイアン	20ヤード	3.3ヤード	16.7ヤード	1:2
48°	15ヤード	7.5ヤード	7.5ヤード	1:1
54°	12ヤード	8ヤード	4ヤード	2:1
58°	8ヤード	6ヤード	2ヤード	3:1

ハーフショットとは異なり、チップショットは高く上げたり、飛距離を稼ぐためのショットではありません。基本はグリーンにほど近いところから打つパッティングの延長のショットです。

そのため、クラブ選びのときに、まず考えなければならないのが、ボールからグリーンエッジまでの距離と、グリーンエッジからピンまでの距離の2つとなります。

上記の表は、手もとの位置が右脚のつけ根から左脚のつけ根程度までのスイングの飛距離とキャリーとランの比率の例です。飛距離は人やクラブによって異なるため、クラブごとに自分で確認しておくようにしましょう。また、パッティング同様、振り幅によって飛距離がどの程度変化するかをつかんでおくことも大切です。

グリーンが平らであれば、上記の比率を基本にしてみるのもいいでしょう。速いグリーンであればランが長くなり、遅いグリーンであればランが短くなります。

さらにグリーンのアンジュレーションを考慮したクラブ選択やショット選択をするようにしましょう。

Chapter 4

ショットの選択肢が広がる!

慣れてきたら ショットバリエーションを増やしていこう!!

4H　パー4　362y
このホールもフラットだから思いっ切りいきましょう
ナイスショット
ちょっと上がりすぎか……
やっと次長まで追いついた
ちょっと短いかっ!!
ナイスオン!!

よしっ
5番アイアンで
いくかな……
次長っ
アドレスが乱れてますよ!!
あぁぁ…
パキン
ちょっと
タッチを出そうと
思ったんだけどな……
複雑に考えないで
普通にストローク
すればいいんですよ

でもフェースの形がパターとは違うからまっすぐ打とうとすると違和感があるんだよな……
フェースの形状に惑わされるとアドレスが乱れますよ
よしっ今度こそ
そんなにフェースを立てたらロフトがついてる意味がなくなっちゃいますよ
ちょっとハンドファーストにしただけなんだけどな
かなりやりすぎですよ

正しいハンドファーストはこんなもんでいいんですよ
それだけじゃほとんど変わらないんじゃないか?
少しの違いでも打球には大きな影響があるんです
難しく考えずにアドレスをほんの少しだけ変えて普通にスイングするだけでいいんです
前に新井さんに教わったすぐにできるかんたんな方法があるんで次長もやってみてください!

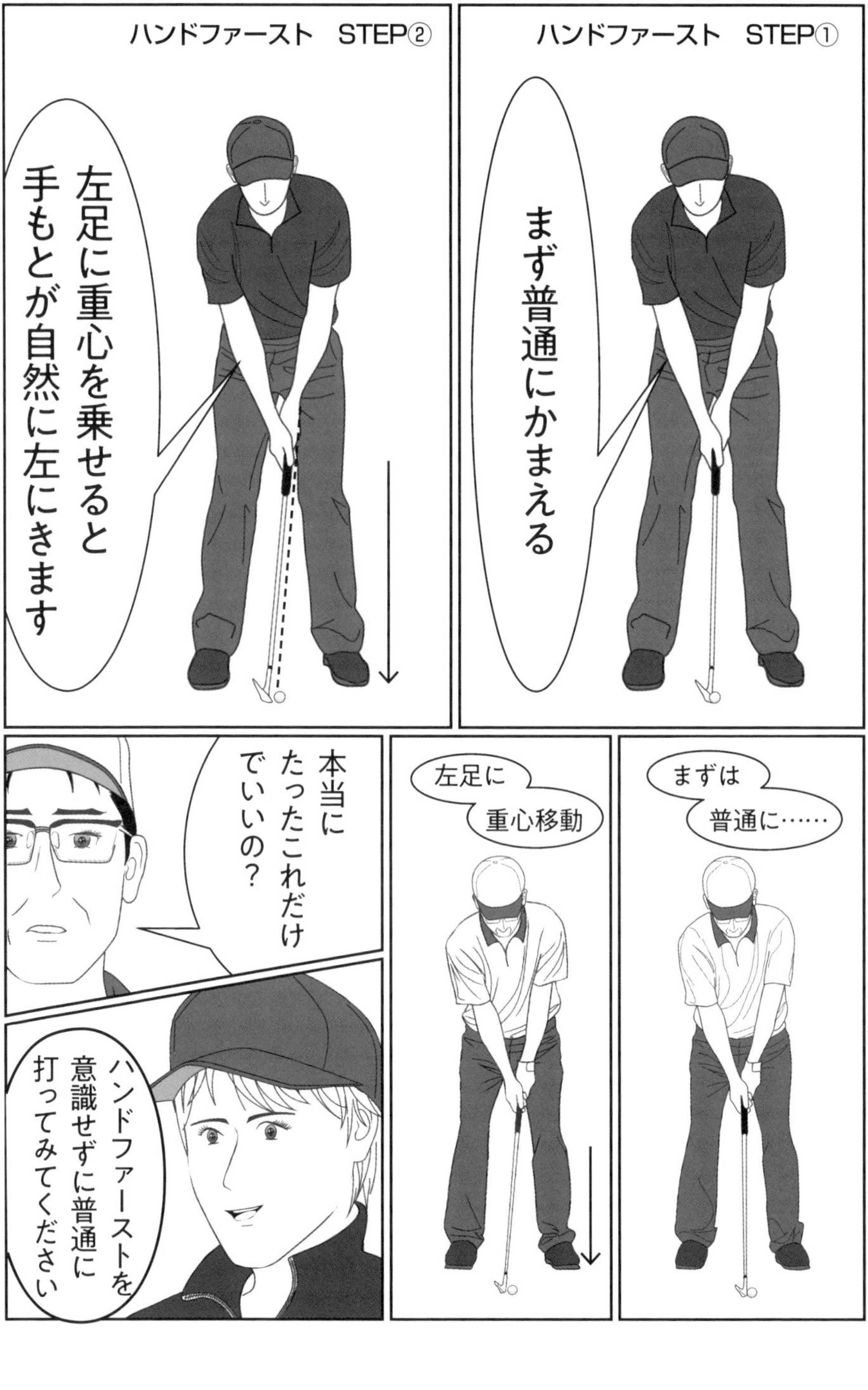

ハンドファースト　STEP①
まず普通にかまえる
ハンドファースト　STEP②
左足に重心を乗せると手もとが自然に左にきます
まずは普通に……
左足に重心移動
本当にたったこれだけでいいの？
ハンドファーストを意識せずに普通に打ってみてください

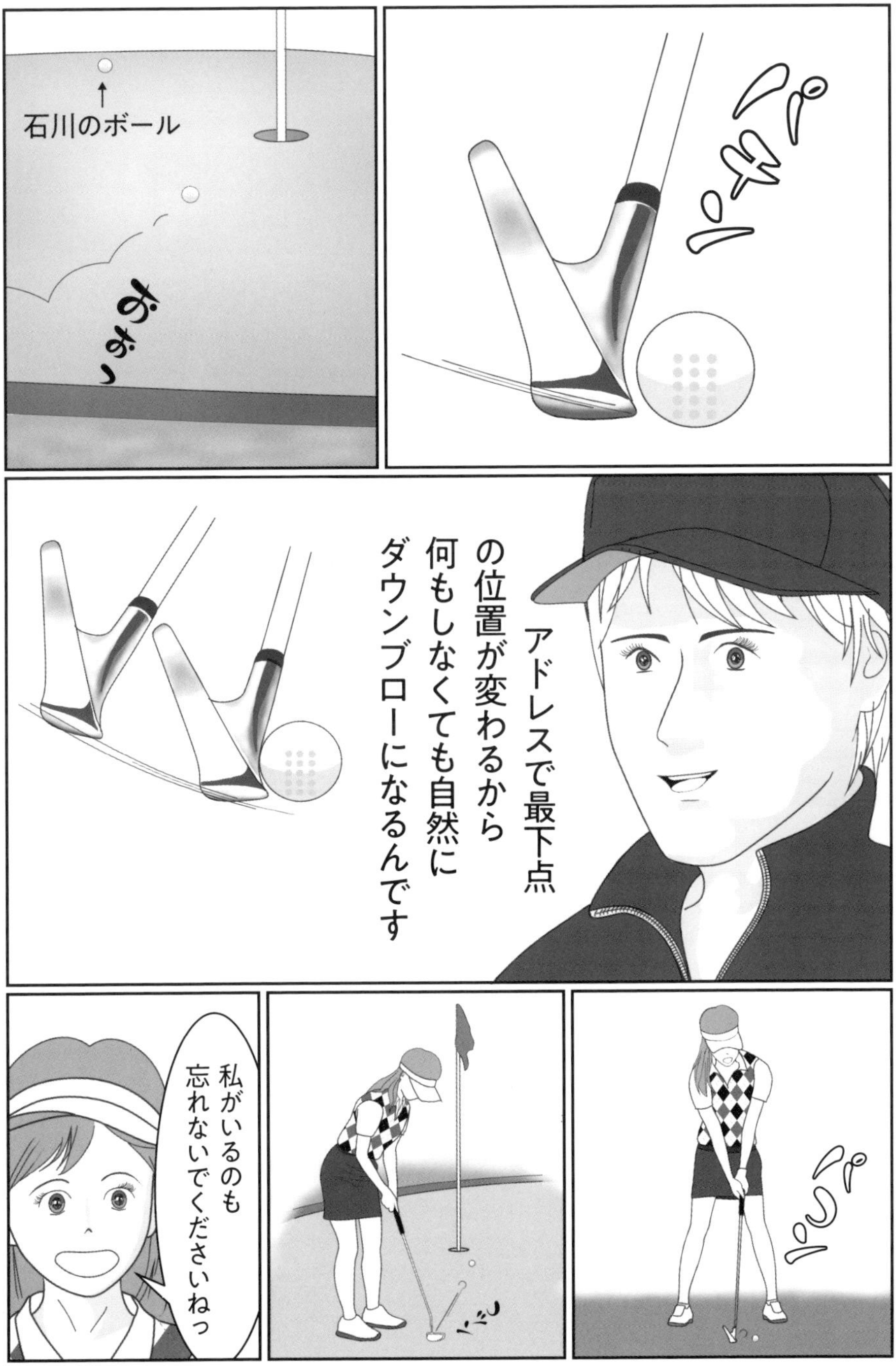
パチン
石川のボール
おぉ〜
アドレスで最下点の位置が変わるから何もしなくても自然にダウンブローになるんです
私がいるのも忘れないでくださいねっ

5H　パー4　317y
パキーン
キーン
ポンッ
なんでいつも私だけ……
キーン
ポチャ
せっかく当たったのに……
グリーン手前にクリークがあるからゴロだとちょっと辛いね

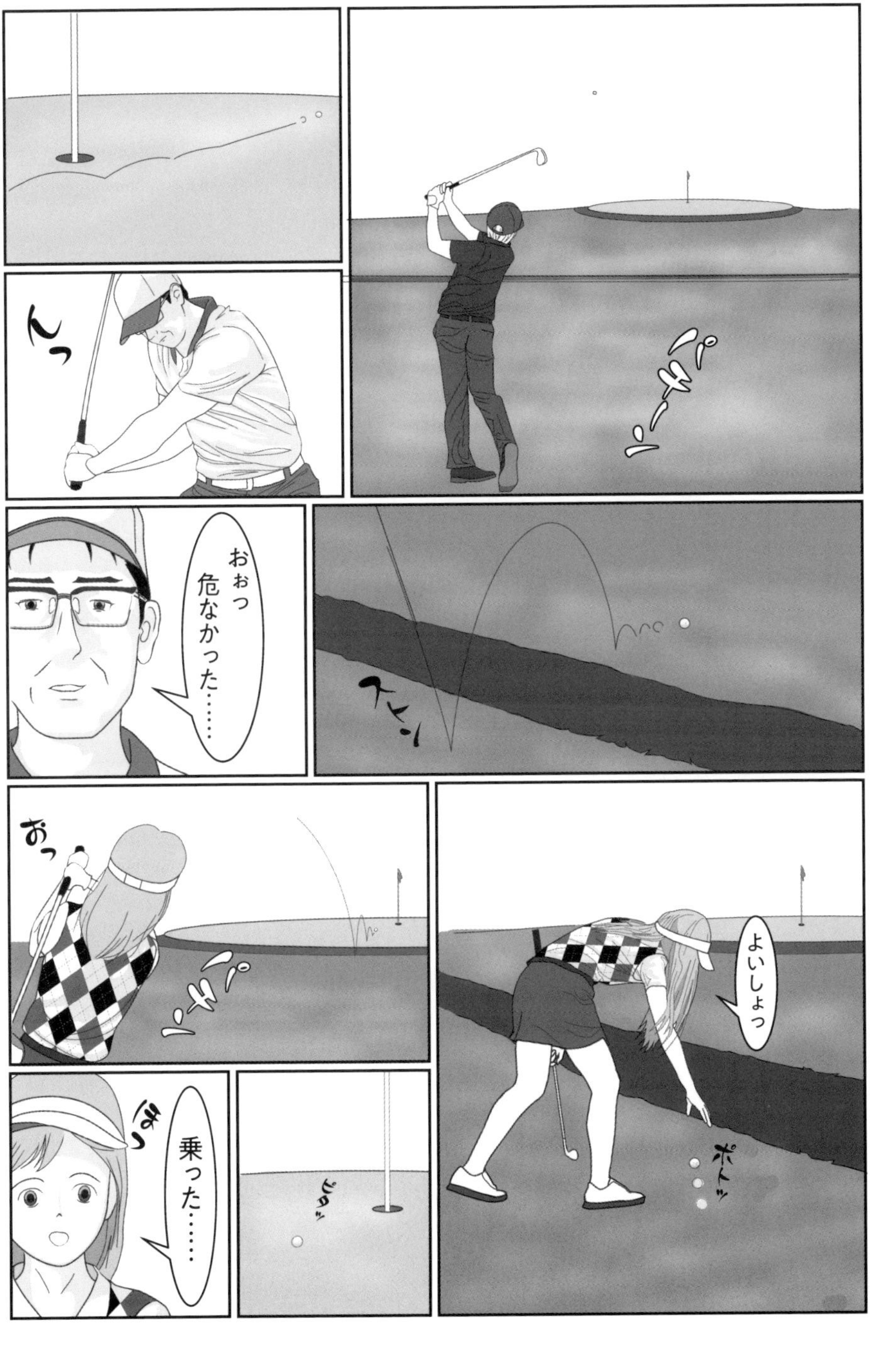
んっ
おぉっ 危なかった……
よいしょっ
ポトッ
おっ
ピタッ
乗った……
ほっ

佐藤3打目
よし上りか……
次長
体が開いちゃってますよ!
左足上がりだから
オープンにかまえたんだが……
この程度の傾斜なら
普通にスクエアでも打てますよ
ちなみにズレにくい
アドレスの入り方は
知ってますか?
いいや
知らんな……

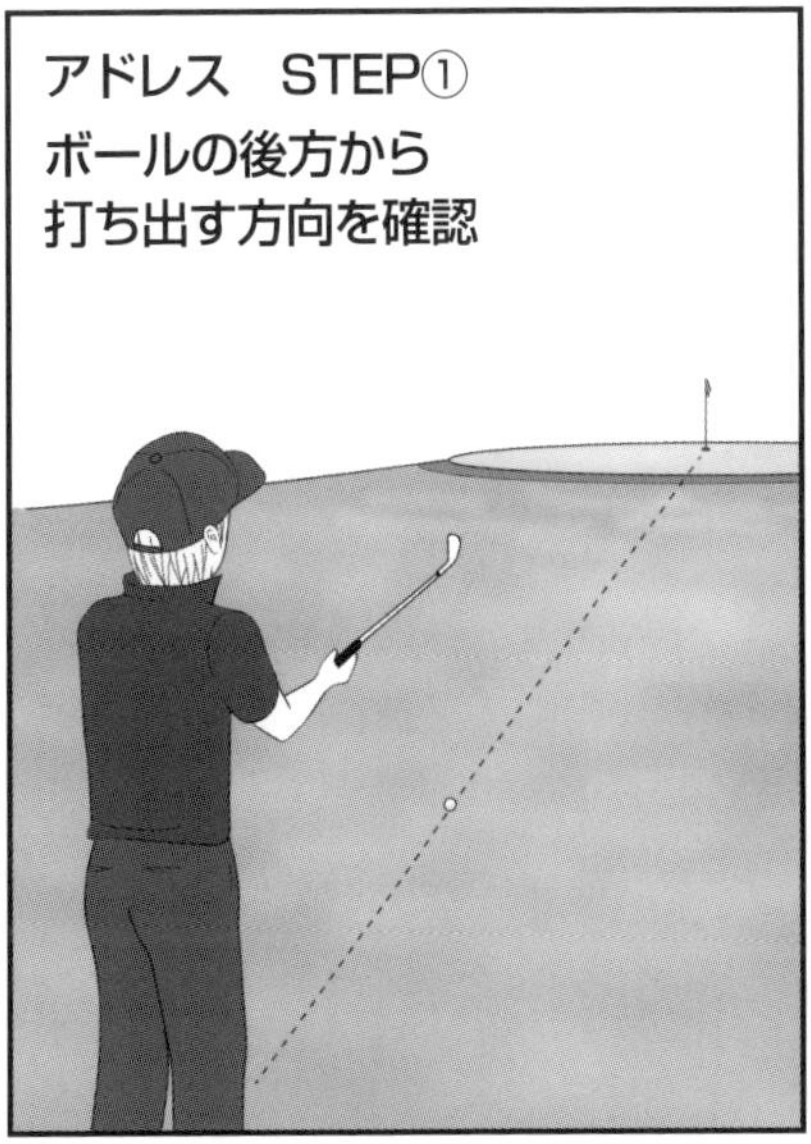
アドレス　STEP①
ボールの後方から
打ち出す方向を確認

どんな打ち方のときでも
基本になるのはスクエアの
正しいアドレス姿勢なんです

アドレス　STEP②
胸がスクエアになるように
ボールの横に立つ
よくスタンスで向きを
合わせる人がいますが
大切なのは
実は胸の向き
なんです
両腕がついている
胸の回転方向で
スイングの向きが
決まりますからね……

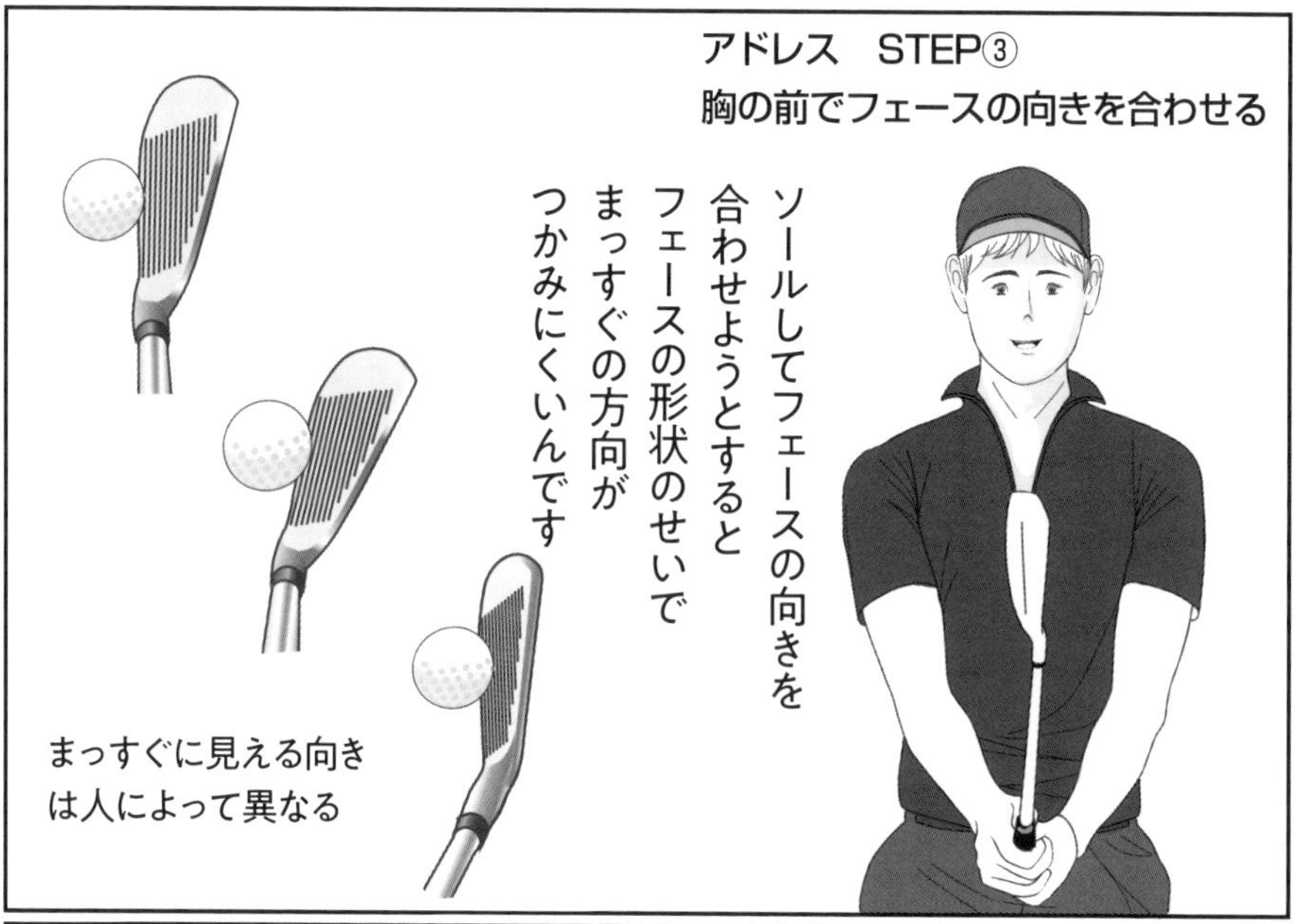
アドレス　STEP③
胸の前でフェースの向きを合わせる
ソールしてフェースの向きを合わせようとするとフェースの形状のせいでまっすぐの方向がつかみにくいんです
まっすぐに見える向きは人によって異なる

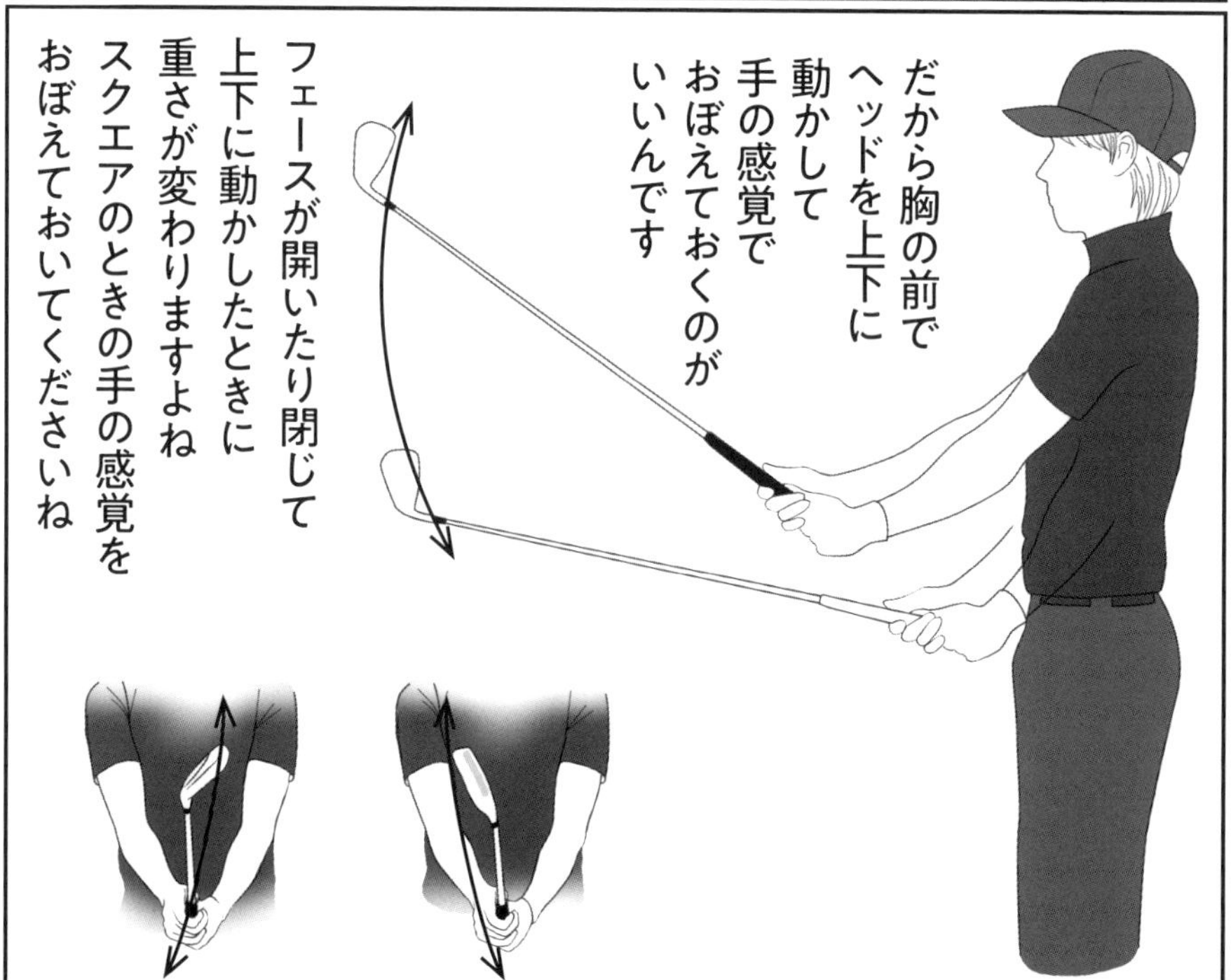
だから胸の前でヘッドを上下に動かして手の感覚でおぼえておくのがいいんです
フェースが開いたり閉じて上下に動かしたときに重さが変わりますよねスクエアのときの手の感覚をおぼえておいてくださいね

アドレス　STEP④
体を上下に折りたたんでソールする

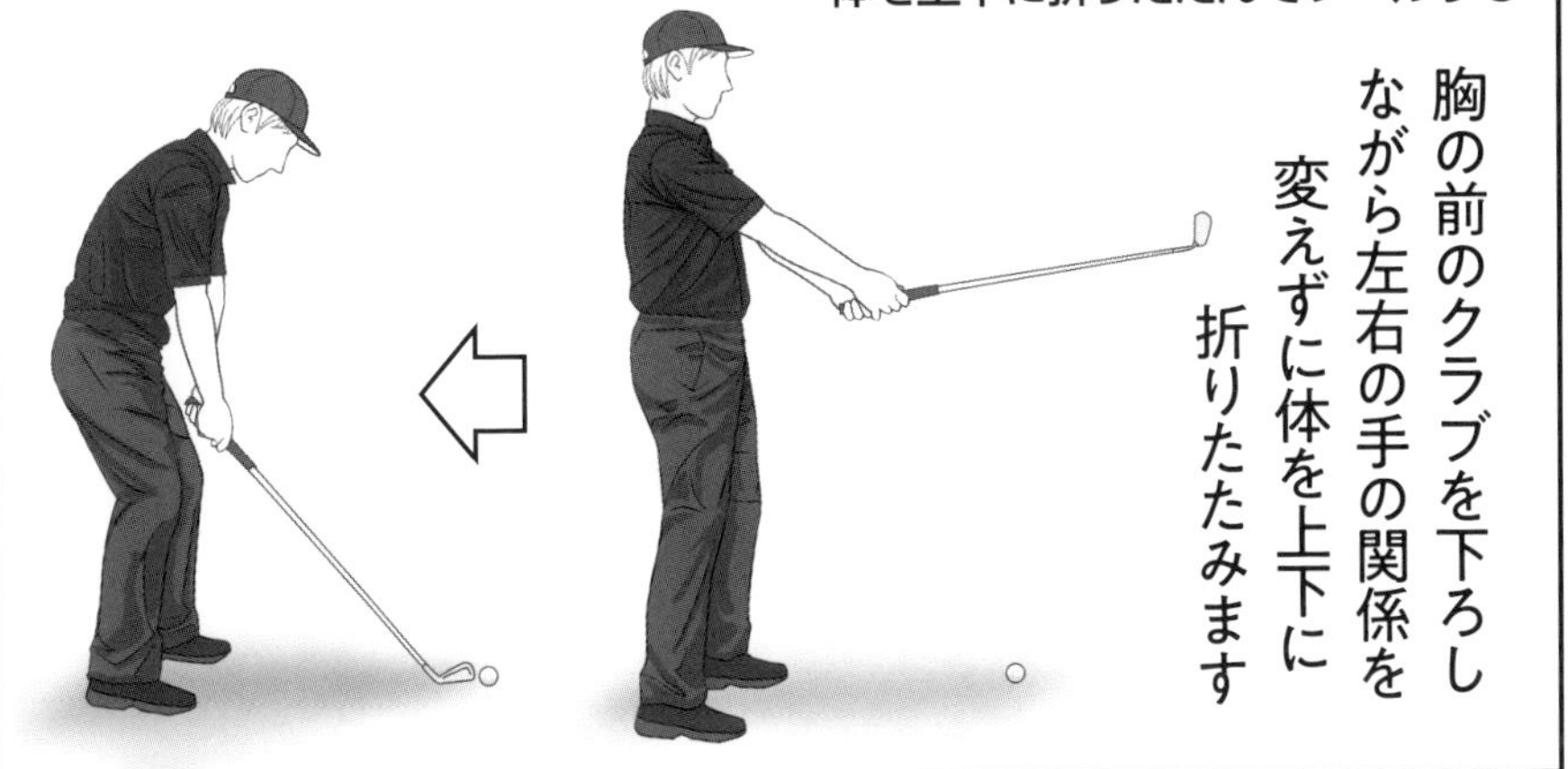

アドレス　STEP⑤
姿勢を崩さずにボールに合わせて
自分が移動する

オープンスタンスのつくり方
手もとの位置を変えずに左足を引くだけでいいんです
あとは普通にスイングするだけです
これじゃあまり変わらないんじゃないのか?
とりあえずはフォロースルーで体の左側の腕の振り抜きがよくなればいいんです

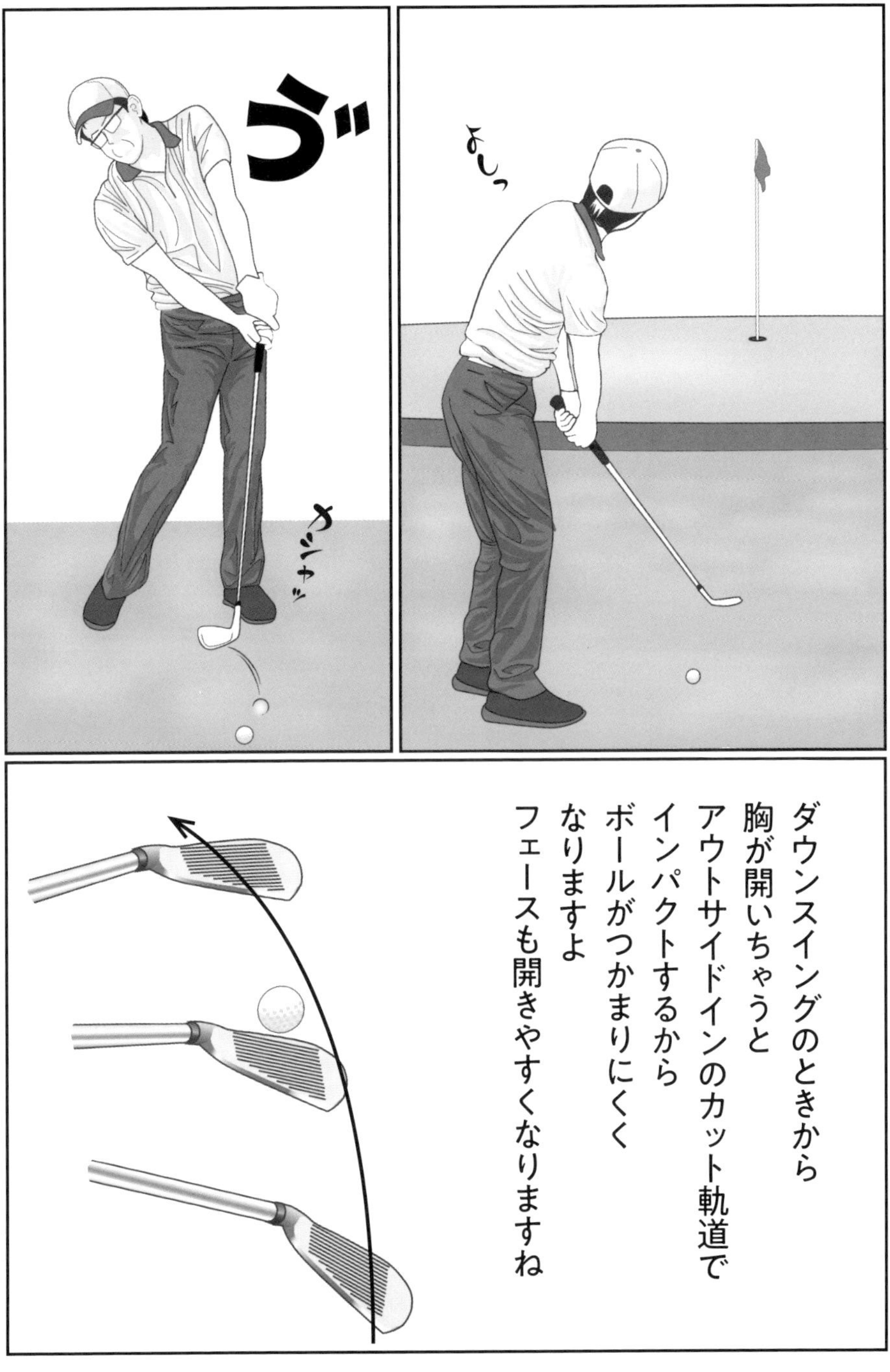
よしっ
ゔ
カシャッ
ダウンスイングのときから
胸が開いちゃうと
アウトサイドインのカット軌道で
インパクトするから
ボールがつかまりにくく
なりますよ
フェースも開きやすくなりますね

正しいオープンスタンスでは
インパクトまでは
スクエアな軌道でクラブが下りて
そこから手もとがスタンス方向に
自然に移動するから
インパクト後に
自然なカット軌道になるんです

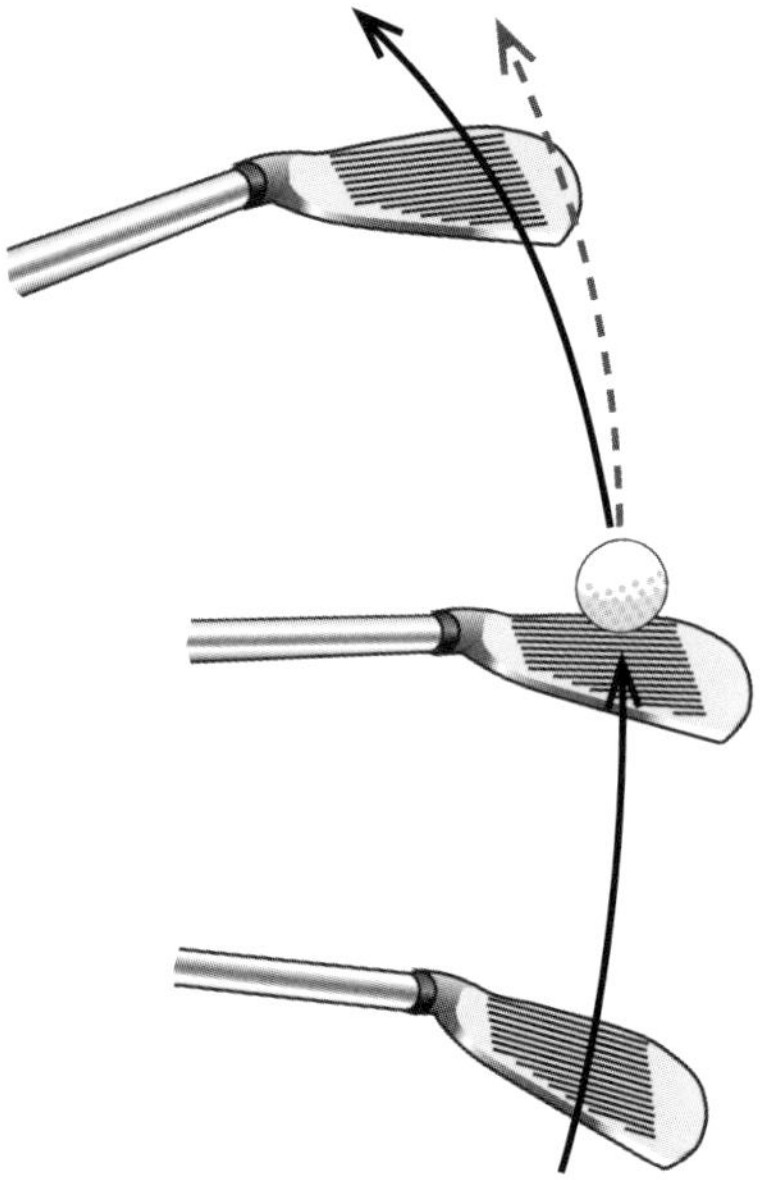

スタンスは気にしないで
そのまま胸の方向に振り抜けばいいんです
フォローでフェースが開くぶんだけ
高く上がって飛距離も出なくなるから
自分の距離感を
つかんでおくことが
大切ですね

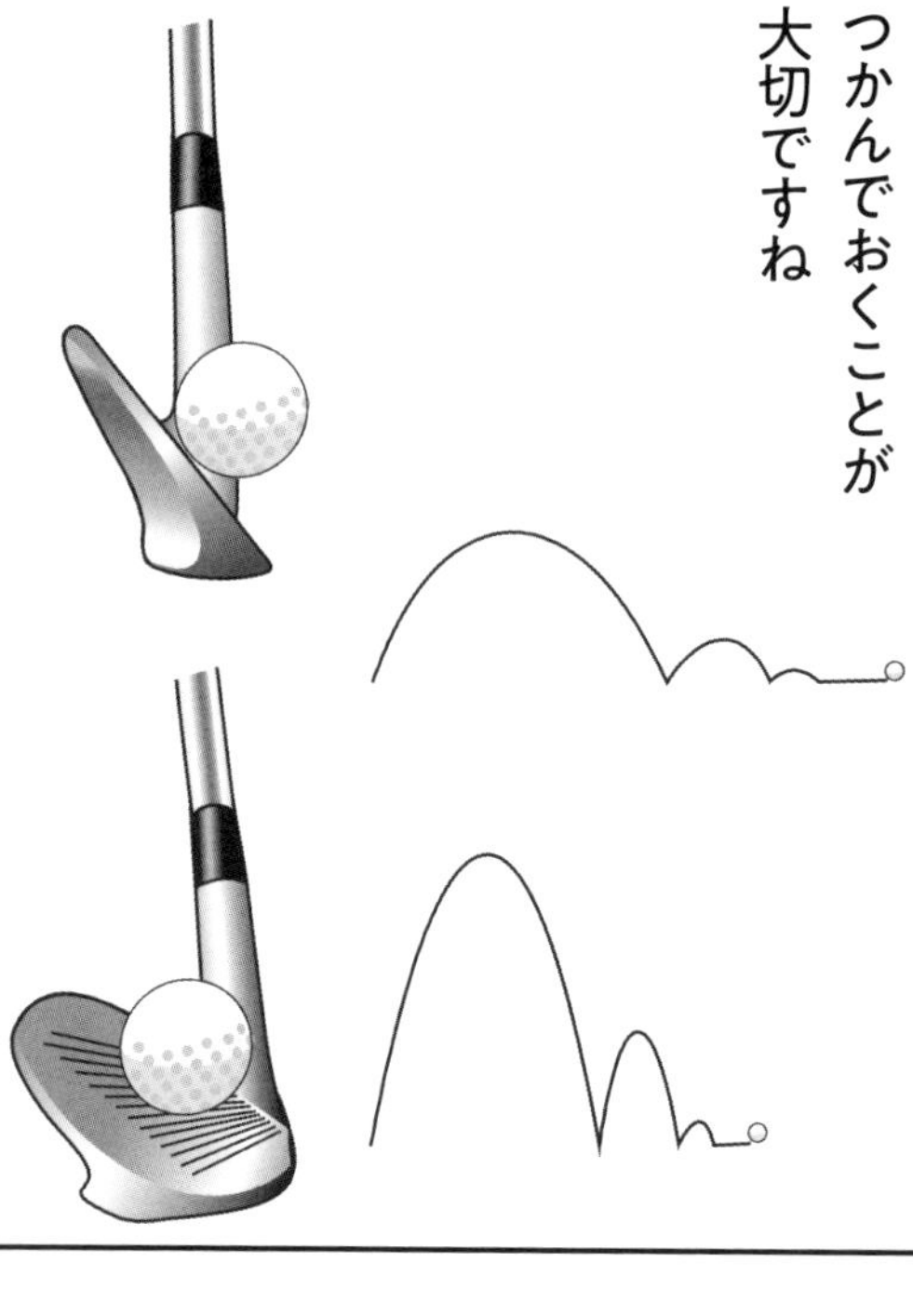

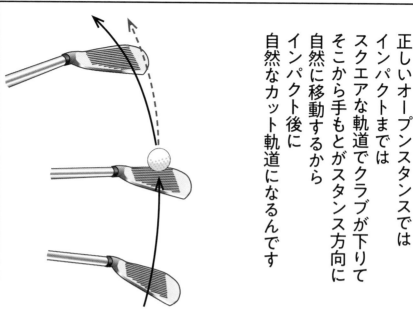

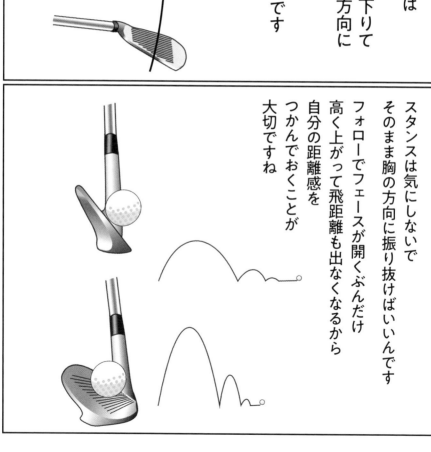

ピシッ
なるほど 上がったぶん
飛距離が出なくなって
ランも短くなるね
ハンドファーストのときと
ボールの特徴が逆になりますよね
ハンドファーストでは
ダウンブローになるぶんインパクトが
強くなってランも出ましたよね
ハンドファースト
オープンスタンス

この2種類の
距離感を
身につけておけば
ほぼ完璧ですね
カンペキ……
いい響き
チップショットでも
ハンドファーストとオープン
スタンスを使いこなせれば
アプローチの選択肢が
ぐーんと広がりますよね
これだけでも
6種類の
打ち方ができる
ことになりますからね
確かに…

最初はハーフショットと転がすときのチップショットの距離感や飛び方をつかんでおくのが基本です
それを基準にハンドファーストやオープンスタンスでの飛び方をおぼえるといいですよ
これに慣れてきたらさらに別のショットも教えますね
おっ
まだあるのか……

アプローチの上達に器用さは必要ない!!

●アプローチの決め手は「クラブ選び」と「姿勢の調節」!!

アプローチのテクニックはさておき、ゴルフに共通して言えるのは、「手先を使った動きは非常に難しい」ということです。たとえ、毎日ボールを打っていたとしても、その日の調子や体調に左右され、力の入れ具合などは決して安定することはないでしょう。

とくに**利き手が邪魔をしてしまう**のがゴルフの特徴です。右利きの方であれば、普段は器用な右手の感覚を活かそうとすればするほど、実はやりたいことを何もできなくなってしまうのです。

アイアンやドライバーでのフルスイングはもとより、アプローチのような振り幅が小さくヘッドスピードの上がらないスイングでは、スイングの軌道がズレたと感じたら、つい利き手を使ってそれを元に戻そうとしてしまいがちです。ボールを上げたかったり、飛距離をコントロールしたいときにそれをしてしまうと、ほとんどの場合、手打ちになって、すくい上げたり、引っかけたり、ボールの上や下を打つ動きになってしまいます。

もともと長いゴルフクラブを手で操作して正しくインパクトさせ、イメージ通りのボールを打とうとするのは非常に難しい動作です。それは、ボールを上げるのは手ではなく「クラブの役目」だからです。**クラブの重みを利用して自然にボールにインパクトさせる**ことで**スイングは安定**します。その結果、ミスショットがなくなり、イメージに近い打球が打てるようになるのです。イメージ通りの打球を打つために、まず最初にしなければならないことは、状況に応じて正しいロフトのクラブに持ち替えることです。

さらに、フェースの向きを少し調節したいのであれば、**スイングは変えずにほんの少し重心の位置を変えたり、スタンスを変える**ことくらいしかゴルファーにはできません。このとき大切なのが、**決して胸の向きを変えない**ことです。アドレスのときの胸の向きはスクエアに保って、そこから普通のスイングをする意識を持つことが大切です。その結果、意図的にではなく、アドレスのフォームに合わせて自然にスイングの軌道も変わってくるのです。

ハーフショットのときにクラブの振り幅を細かく調節するのもあまりおすすめできません。できるだけ感覚に頼った部分をなくして、不安定な要素をとり除くことが大切です。自信が持てるようになるまでは、練習してきた基本の振り幅で打つようにしましょう。

Chapter 4

ショットの選択肢がゴルフをもっと楽しくする!!

●さまざまなアプローチ技術を身につけることでゴルフが戦略的になってさらに楽しくなる!!

ゴルフでは、スイングの軌道を変えることで、打球の高さや軌道を変えることができます。しかし、打ちたいボールごとにいくつものスイングを身につけて、それらを使いこなすことは不可能です。意図的にスイング軌道を変えようとすると、スイングが乱れてミスショットに終わることでしょう。

そこでポイントとなるのがアドレスです。アドレスを変化させることで、スイングを一定に保ったまま、クラブの軌道を変えることができるのです。自分としてはつねに通常のスイングを心がけるだけで、**自然にフェースの向きやインパクトの入り方を調整する**ことができるのです。

昔から「ボールを右に置け」、「フェースをかぶせろ」など、いろいろと言われていますが、これらの言葉を間違った解釈をしているアマチュアプレーヤーを非常に多く見かけます。

また、道具の進化で昔と大きく変わった点もあります。クラブの進化にともない、現在は飛距離

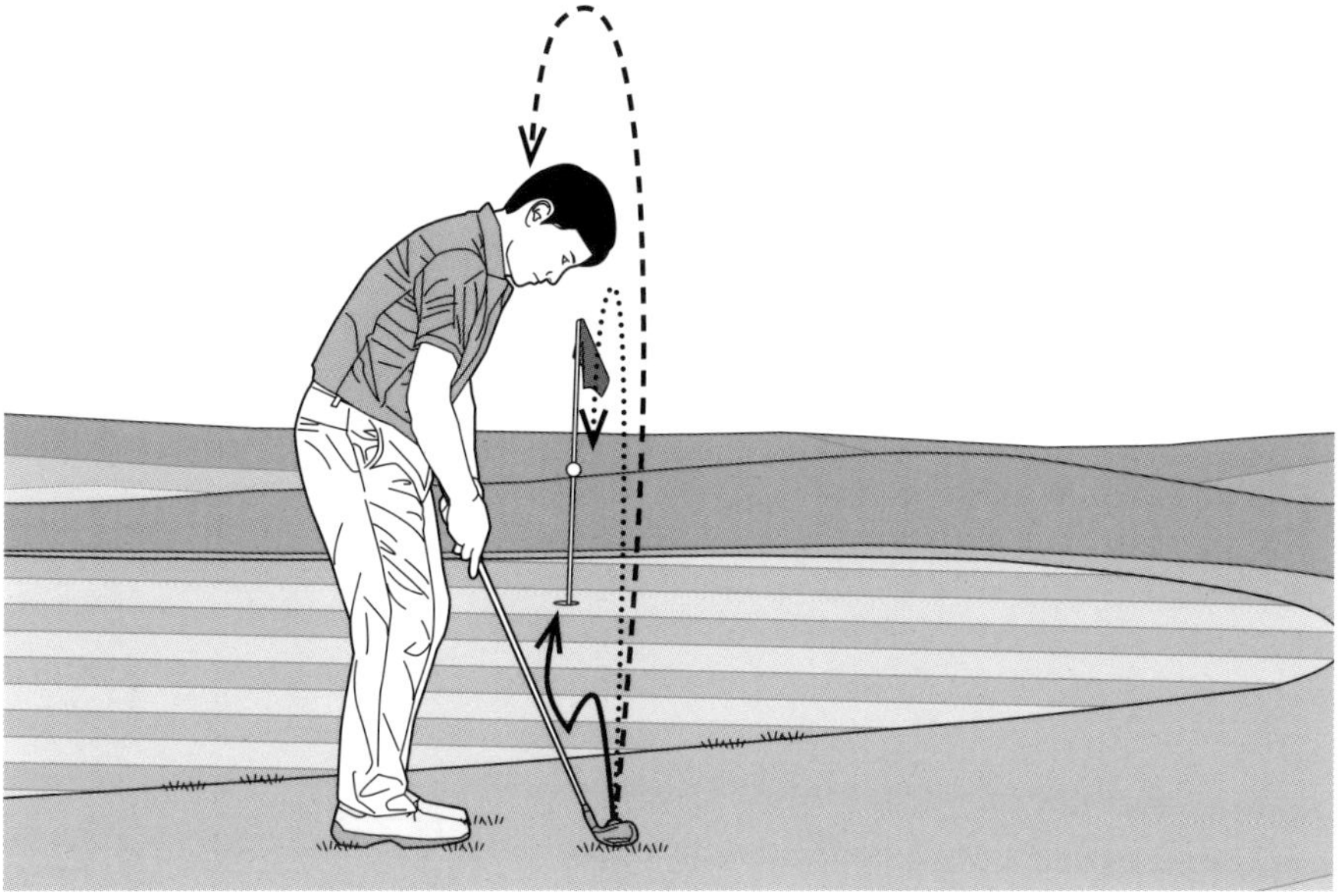

の出やすいディスタンス系のボールが主流になっています。つまり、昔よりボールが硬くなっているのです。つまり、昔のようにボールをつぶすように打ち込んで、鋭いスピンをかけようとしても、以前よりもスピンがかかりにくくなっているのです。ボールを止めたいのであれば、**「高く上げてボールの重みを利用して止める」**といった弾道による打ち分けが現在の主流です。

また、概念的な勘違いをしている方も多く見られます。

たとえば、フェースを開くとボールが高く上がるイメージがありますが、実際はボールの下をこするだけでそれほどボールは上がらないものです。インパクトに向けてのクラブの入り方や強さ、インパクト後のクラブの軌道などによっても打球の弾道は変わります。

アドレスを変えたときにボールがどのように飛ぶかを知ることで、さらに戦略的なゴルフを楽しめるようになるのです。

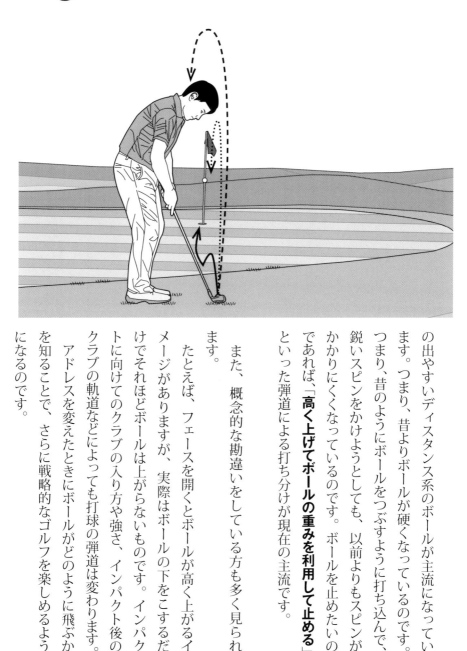

Chapter 4

ハンドファーストにすれば低い打ち出しで止まる!!

●正しいハンドファーストの姿勢をつくれば自然なダウンブローが実現する!!

ハンドファーストのアドレスはボールを上から打ち、スピンを利かせるための構え方と言われています。手もとの位置がボールより前にあるため、スイングの最下点より手前のダウンブローのインパクトになります。

ハンドファーストでは、フェースが立った状態でのインパクトになるため、打ち出しは低く、通常のハーフショットよりスピンがかかるため、低く打ち出してもランがあまり出ないボールを打つことができます。

以前は、ボールをつぶすように打つことで鋭いスピンをかけて止める技術などが多用されていましたが、現在は飛距離が出る硬いボールが多くなったため、無駄なスピンをかけずにボールの重さを利用して軌道で止めるような打ち方をイメージしたほうがよいでしょう。

その応用として、クラブを少し上から入れてスピンをかける打ち方も紹介していきますが、以前のようなキュキュッとブレーキのかかるような激しいスピンのイメージとは少し異なるでしょう。

正しいハンドファーストのつくり方

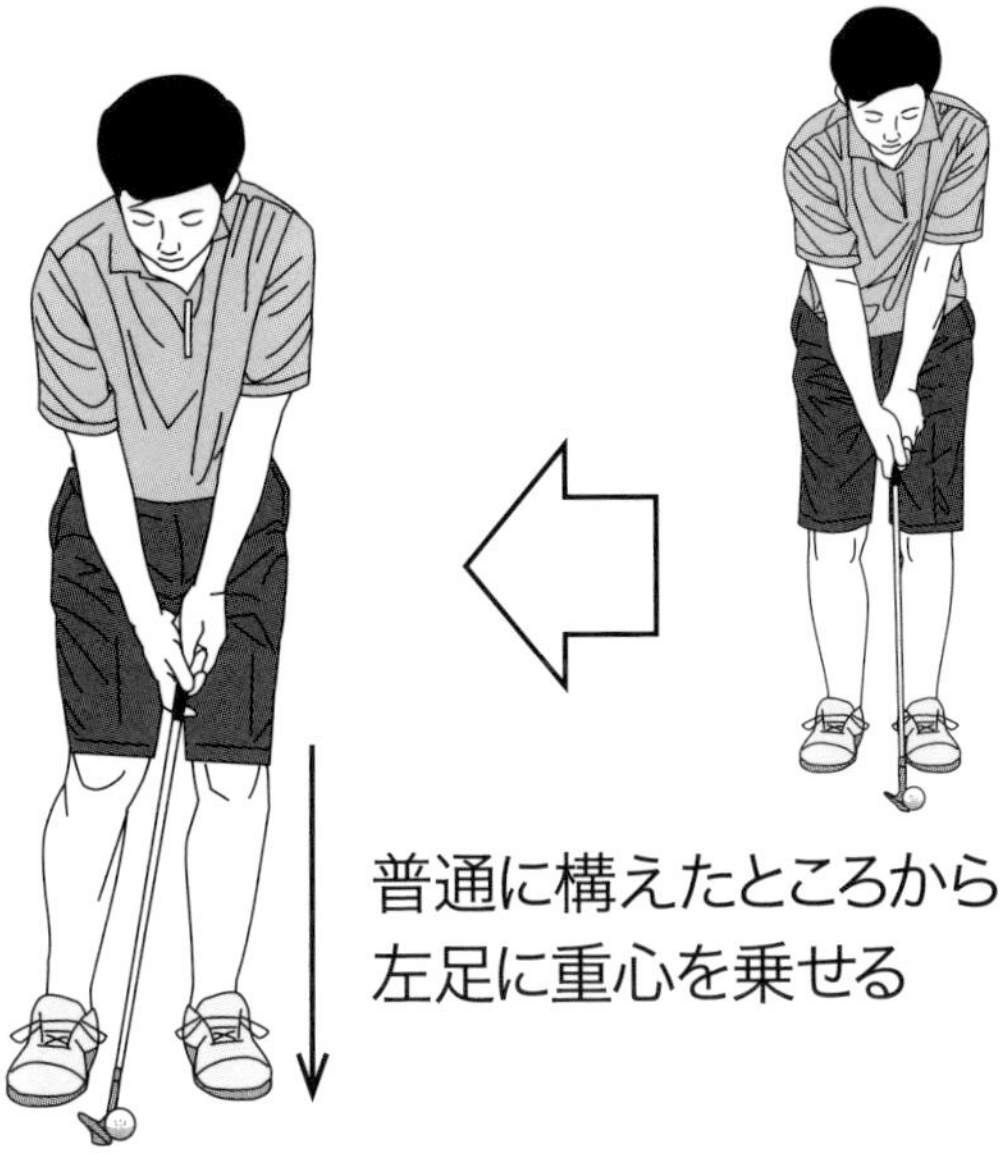

普通に構えたところから
左足に重心を乗せる

手もとが前になるぶんクラブが
鋭角に落ちるダウンブローになる

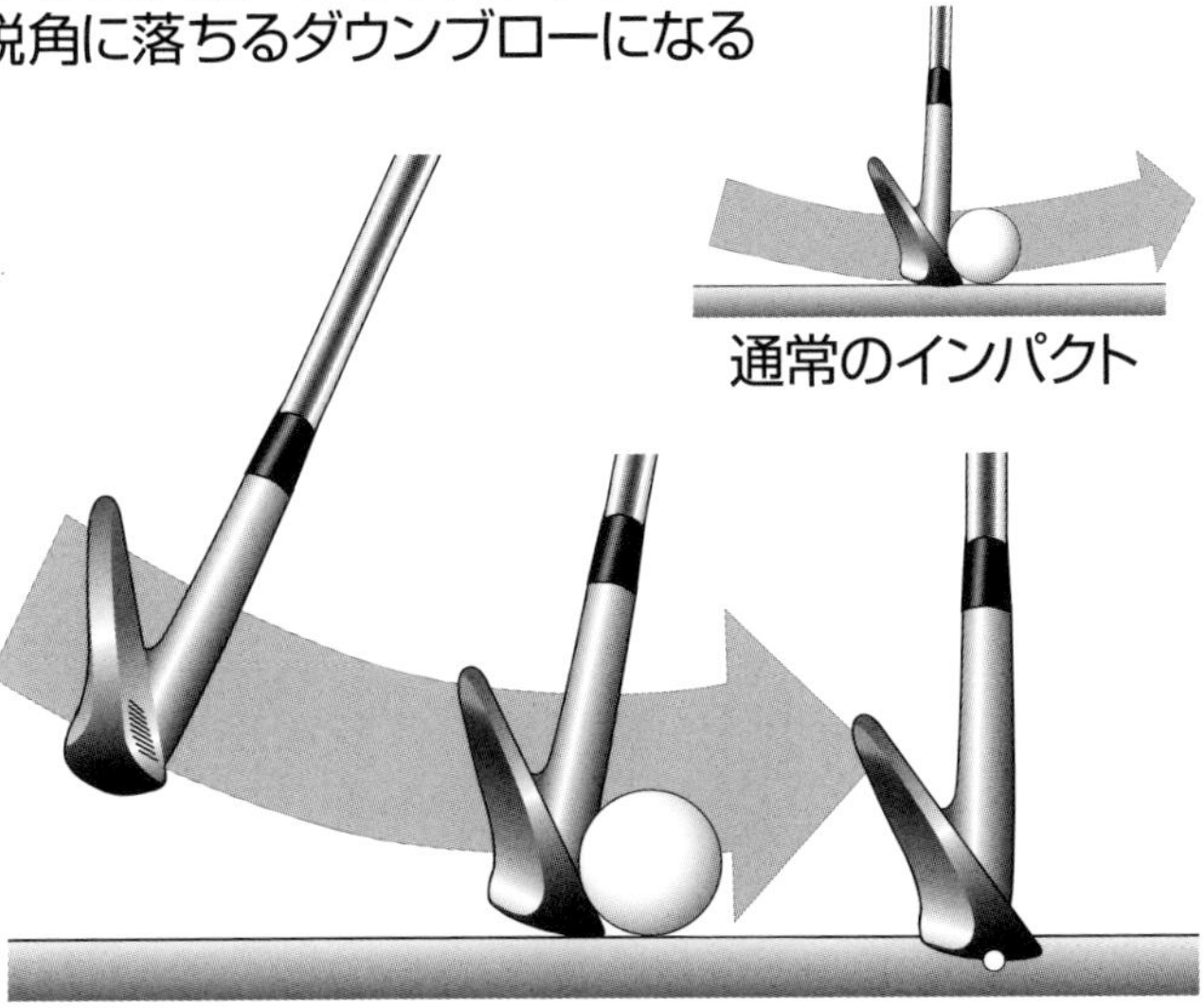

通常のインパクト

●正しいハンドファーストの姿勢

ここに注意

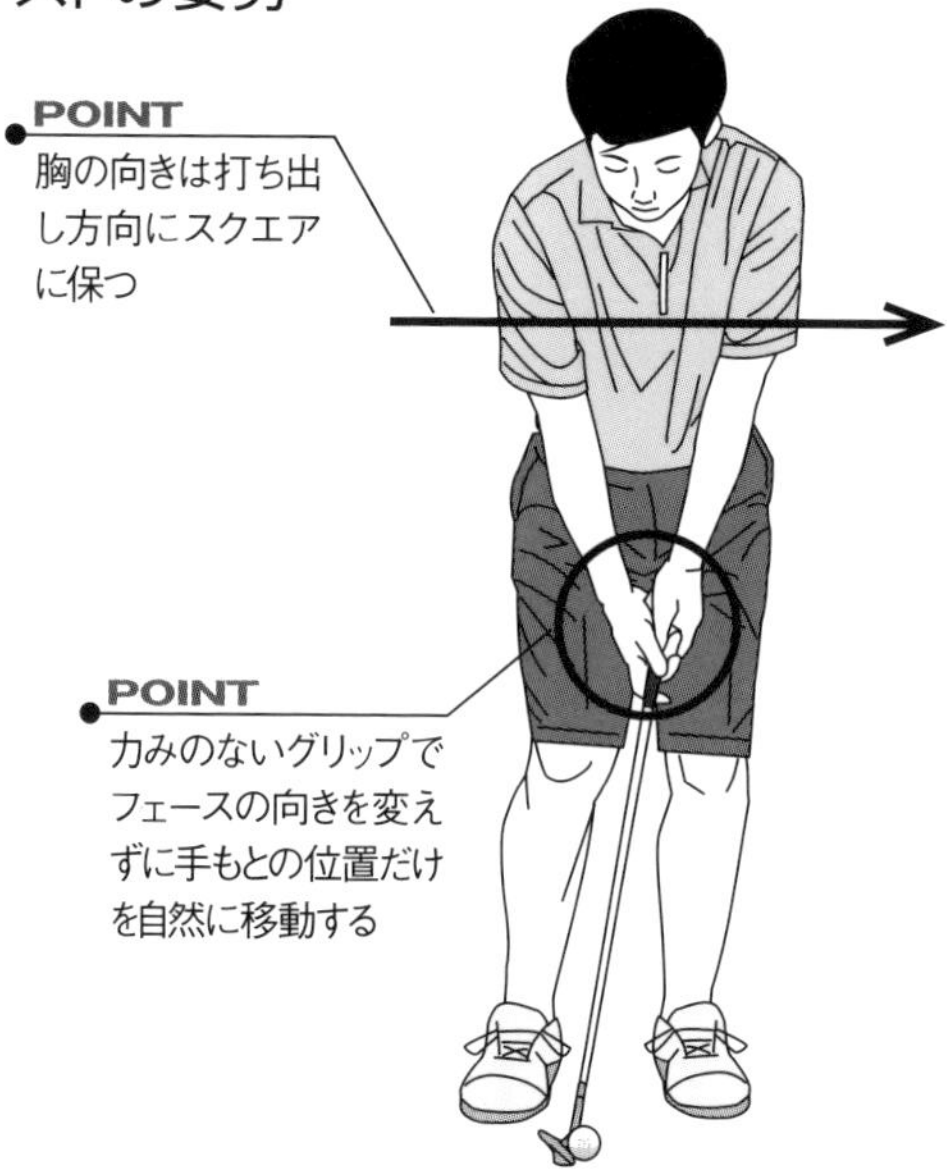

POINT
胸の向きは打ち出し方向にスクエアに保つ
POINT
力みのないグリップでフェースの向きを変えずに手もとの位置だけを自然に移動する

NG

ボールを右足寄りにセットしたストロンググリップ

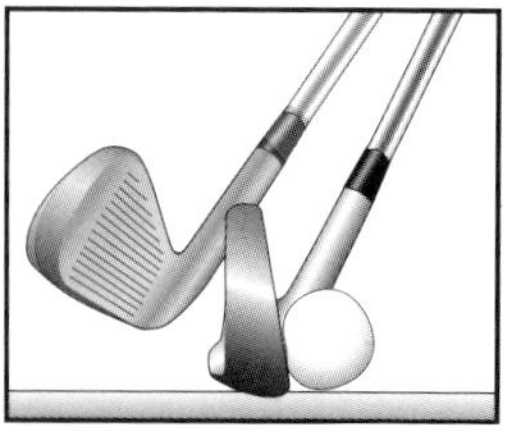

ロフトを立て過ぎたインパクトのイメージを持たないことが大切

NG

手もとを前にセットするとフェースが開いてダフりやすい

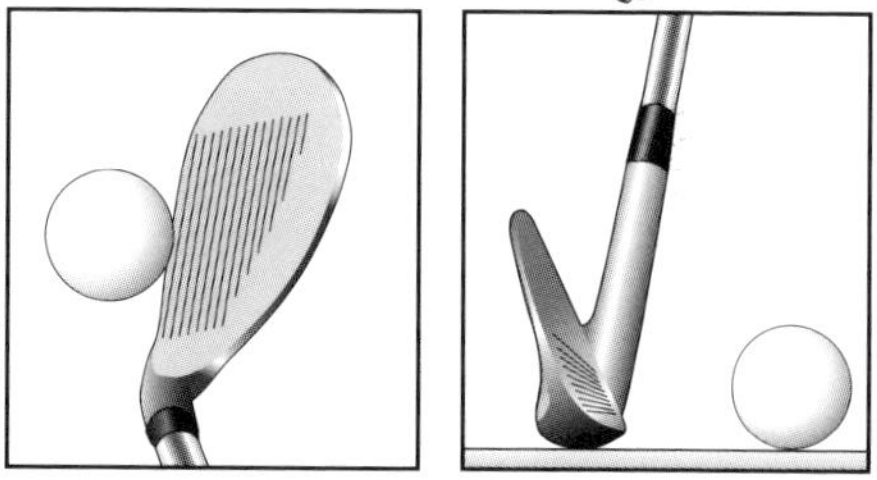

ボールを前に置くとフェースが開き、インパクトはヒール側からとなる。バンスが邪魔となりダフるケースも多い

●低い弾道で「ラインを出したい」ならハンドファーストのチップショット!!

フェースにボールを乗せるのでなく
立てたフェースで横からボールにぶつけるような
インパクトで順回転がかかりやすい

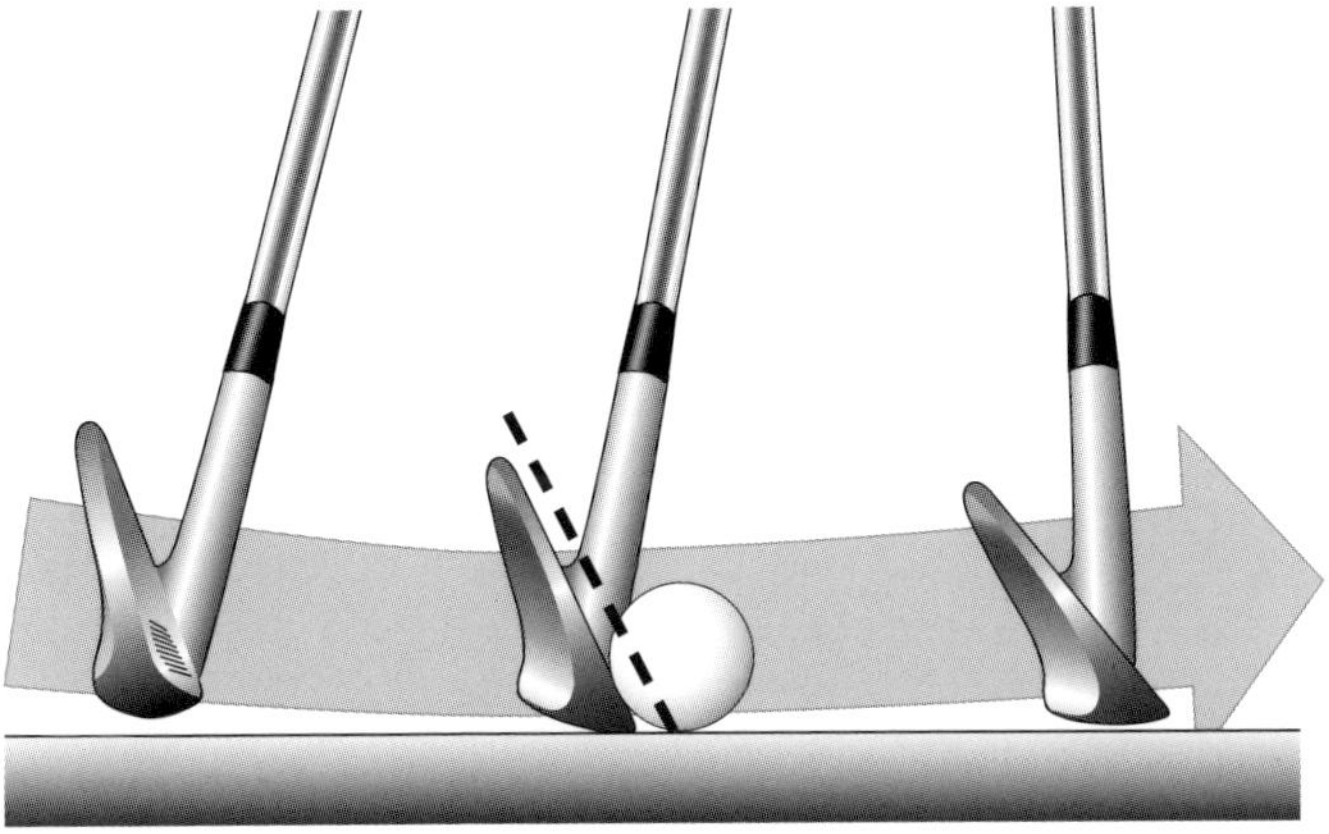

チップショットのハンドファーストでも、普通の構えから重心を左にかけたぶんロフトが立ってインパクトします。フェースが上から入るので、通常のチップショットに比べ、少し押し出すような打球となります。

イメージとしては最初の2バウンドくらいで弾むときに前に伸びてから転がるような弾道になります。低い弾道でインパクトの打感があるため、ラインを出したいときに適したスイングです。

また、強めのインパクトで順回転のスピンが若干かかるため、普通に打つとちょっと上がりそうで嫌なイメージがあるときなどにも有効です。

具体的には、ベアグランドでボールの下にエッジを通す隙間がない場面や、ラフでボールが浮いていてフライヤーになってしまいそうな状況などが挙げられます。

Chapter 4

ラインを出しながらもランの短いオープンスタンス

●オープンスタンスならイメージ通りの打ち出しラインに乗せながらもランを抑えたボールが打てる!!

ハンドファーストと合わせておぼえておきたいのがオープンスタンスです。正しいオープンスタンスの姿勢をつくってスイングすることで、ボールをしっかりつかまえながらも高く上がってランがあまり出ない打球を打つことができます。

オープンスタンスと言っても、目標方向に開くのはスタンスだけです。胸は目標に向かってスクエアにかまえて、スクエア方向のスイングを心がけましょう。そうすることで、インパクトに向けてスクエアにクラブが下り、インパクト後はスタンス方向に手もとが移動するため、自然なカット軌道で振り抜くスイングになります。スクエアにインパクトしたところからインサイドに振り抜くことで、フェースが返りにくくなるため、ボールが上がって止まりやすくなります。

インパクトの強さは通常のハーフショットと同じでも、インパクト後に自然なカット軌道になるため、スピンがかかって上がるランが短めのボールを打つことができます。オープンスタンスでもっとも多いミスのパターンは体が開いて、インパクトに向けてヒールから出てしまうことです。胸のスクエアを保つように心がけることが大切です。

正しいオープンスタンスのつくり方

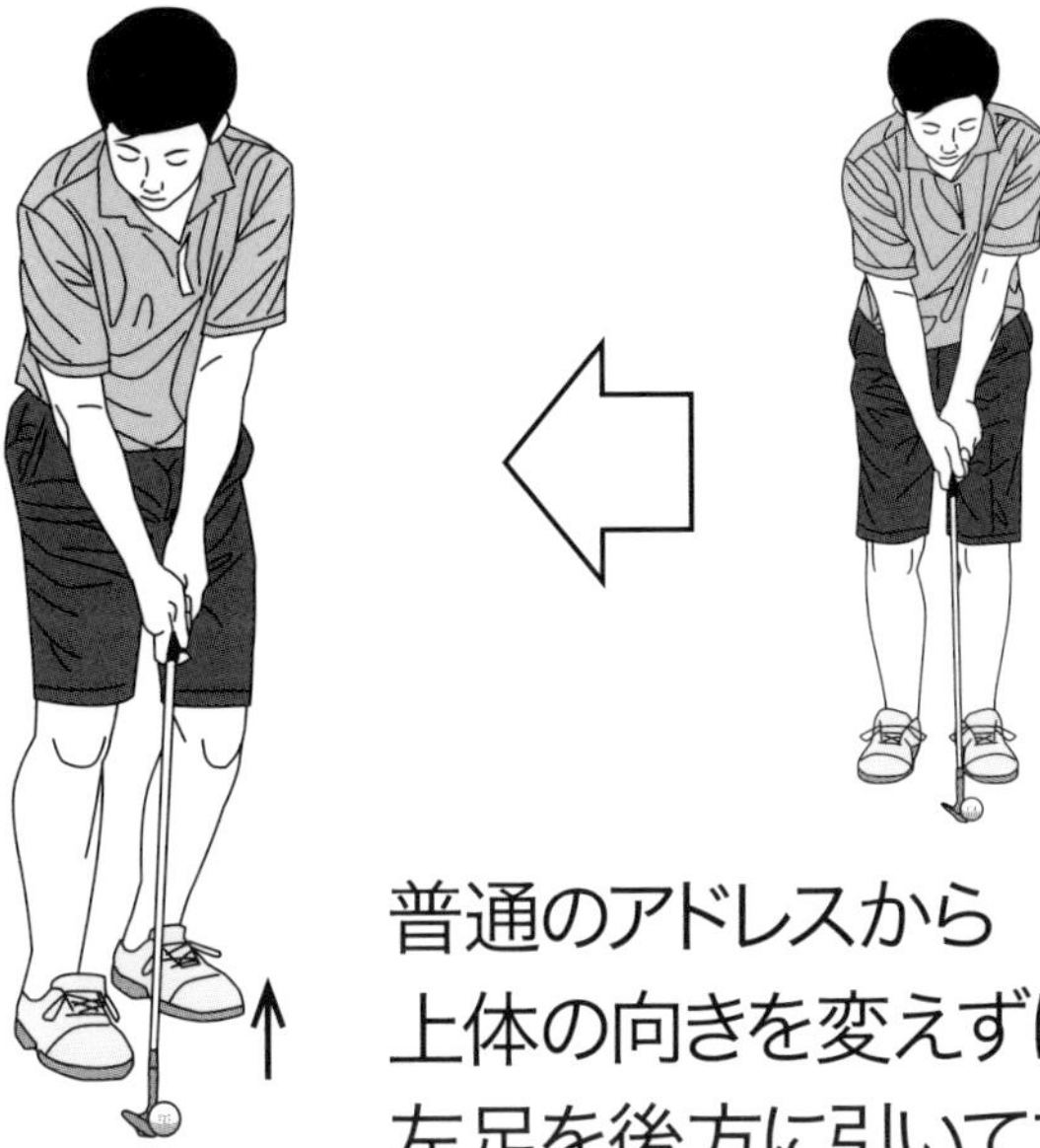

普通のアドレスから
上体の向きを変えずに
左足を後方に引いて立つ

オープンスタンスではインパクトまでスクエア方向
インパクト後にインサイドに抜けるカット軌道

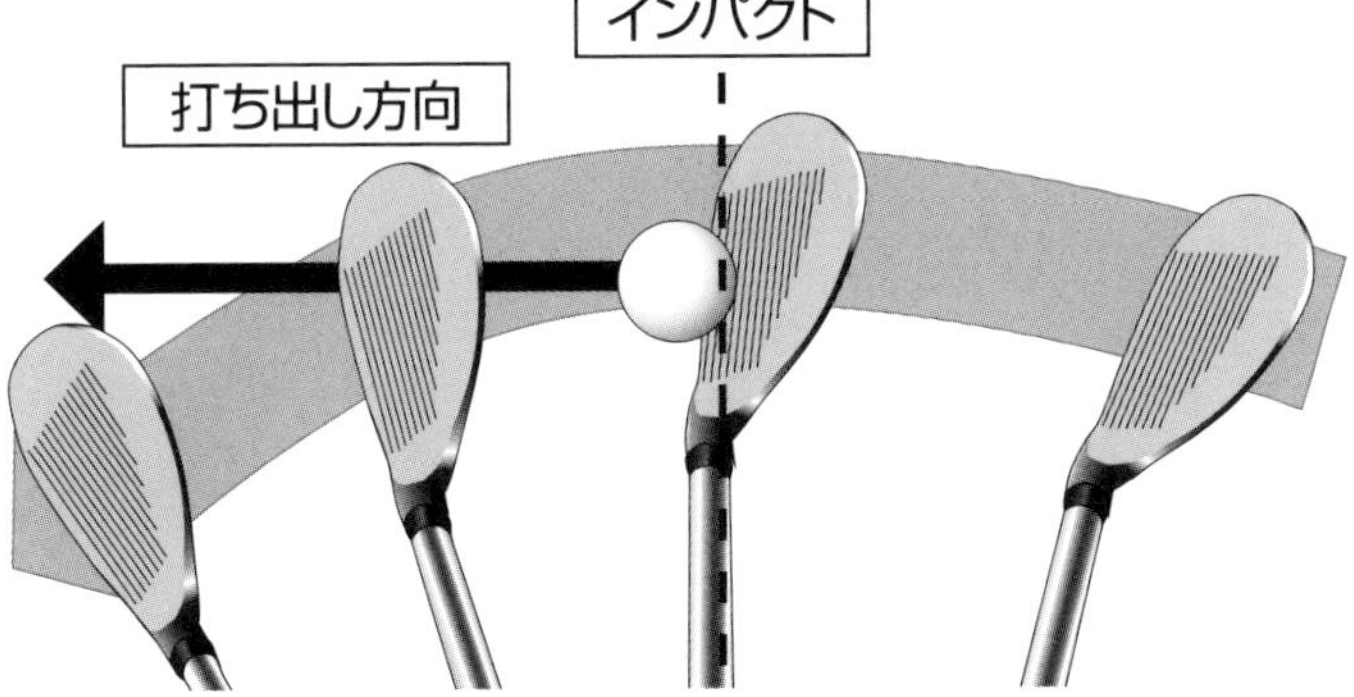

●オープンスタンスの姿勢

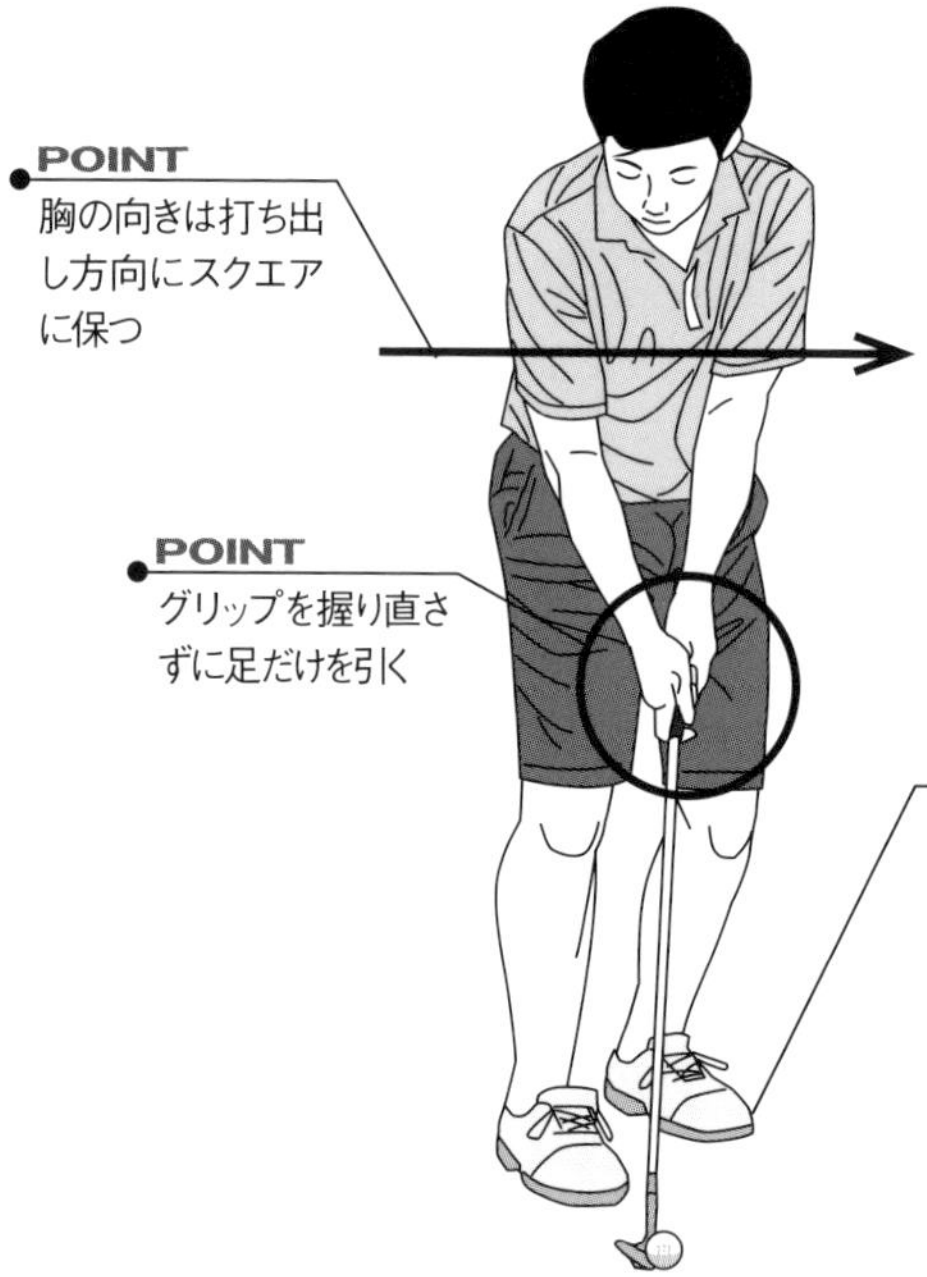
POINT
胸の向きは打ち出し方向にスクエアに保つ
POINT
グリップを握り直さずに足だけを引く
POINT
通常のアドレスからボールの位置を変えずに足だけをまっすぐに引く

ここに
注意

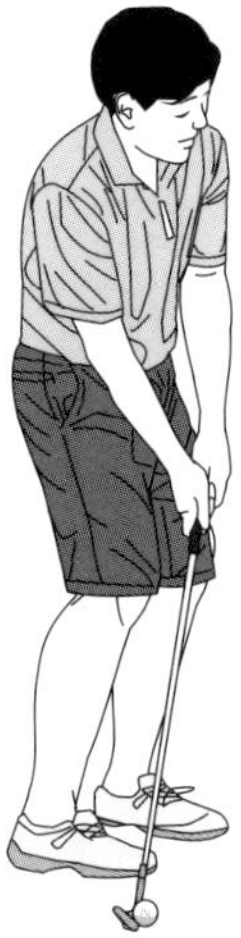

NG 体が開いてカット軌道になる

胸の向きが開いてしまうと、アウトサイドインのカット軌道になり、ヒール側からボールに入ってしまうのでダフりやシャンクが起こりやすい

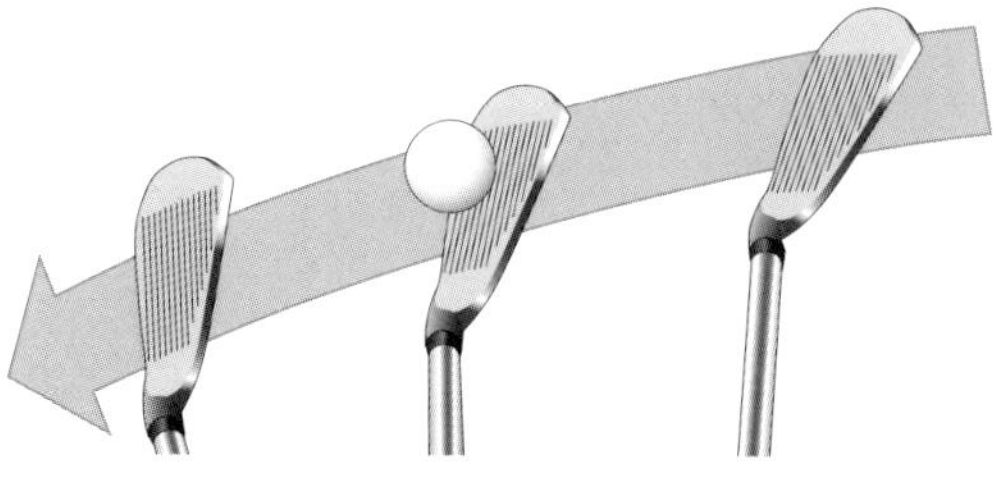

●低い弾道で「ラインを出したい」ならハンドファーストのチップショット!!

オープンスタンスのチップショットのインパクト

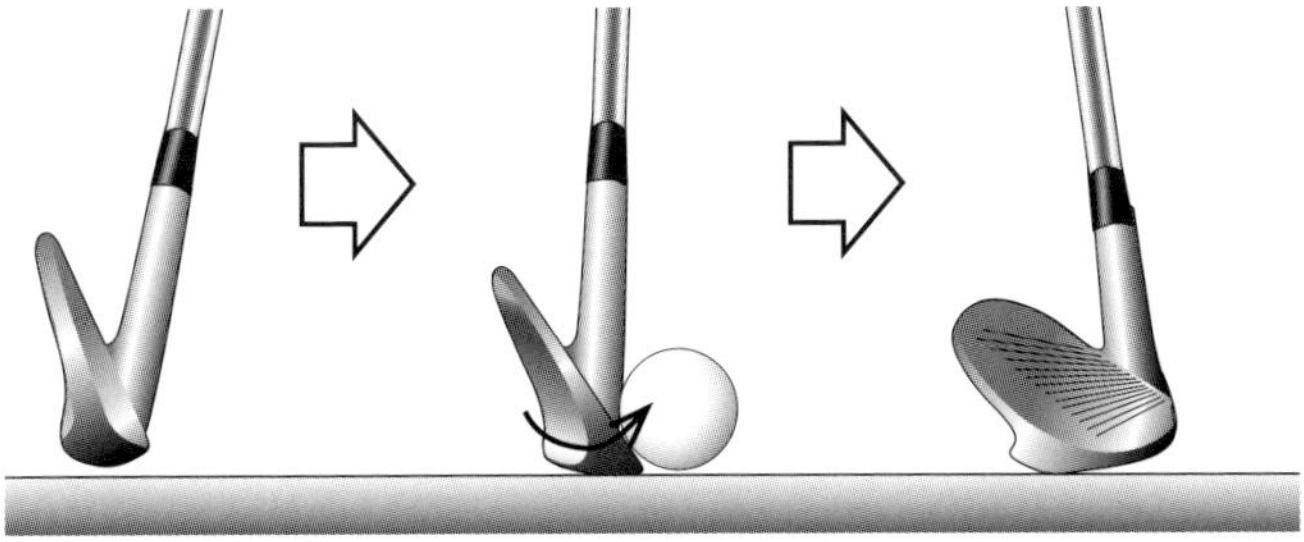

ハーフショットより横からクラブが入る

横からボールをはじくようにスクエアにインパクト

振り抜きでフェースが寝るためスピンがかかる

チップショットでも、オープンスタンスにすることで、ラインを出しながらもランの短いボールを打つことができます。

アドレスの姿勢はハーフショットのときとほぼ同じで、ヘッドの軌道もインパクトまではスクエア、インパクト後にインサイドに抜ける軌道になります。ハーフショットが少し上からインパクトするのに対して、チップショットは横から打つため、ボールを横からパチンとはじくようなボールになります。

ハーフショットほどインパクトが強くないので、スピンはそれほど強くかかりませんが、比較的ランの出ないボールを打つことができます。

それほどキャリーの出るショットではないため、使用するのはグリーン周りに限定されますが、ピンが比較的手前に切ってあったり、下りのフックラインなどで、あまりラインの影響を受けたくないときなどに有効なショットです。下りのスライスラインのときは流れやすくなるので別の打ち方を選択する必要があります。

ヘッドをインパクトで鋭角に入れるために

ダウンブロードリル

ハンドファーストの姿勢をとることでスイングの軌道がダウンブローになっているかをチェックするためのドリル。

実際にボールを打つときに、力んでフォームが乱れていないかを確認しよう。

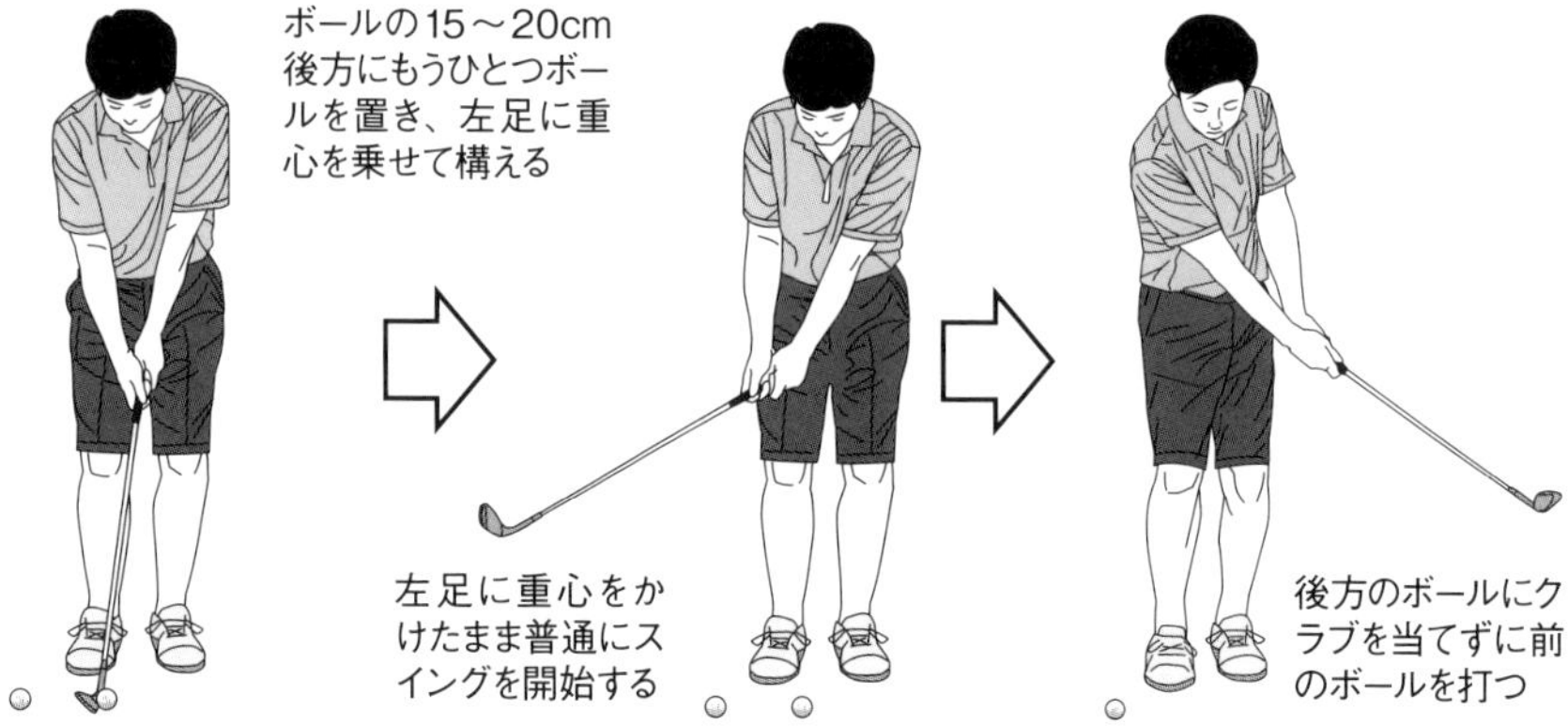
ボールの15～20cm後方にもうひとつボールを置き、左足に重心を乗せて構える
左足に重心をかけたまま普通にスイングを開始する
後方のボールにクラブを当てずに前のボールを打つ

重心位置を変えたスイング感覚に慣れる

ハンドファーストドリル

ハンドファーストの左足荷重やオープンスタンスの姿勢を崩さずにボールを打てるようにするためのドリル。

どんなスイングでも、正しくアドレス姿勢に戻ってインパクトすることが大切。

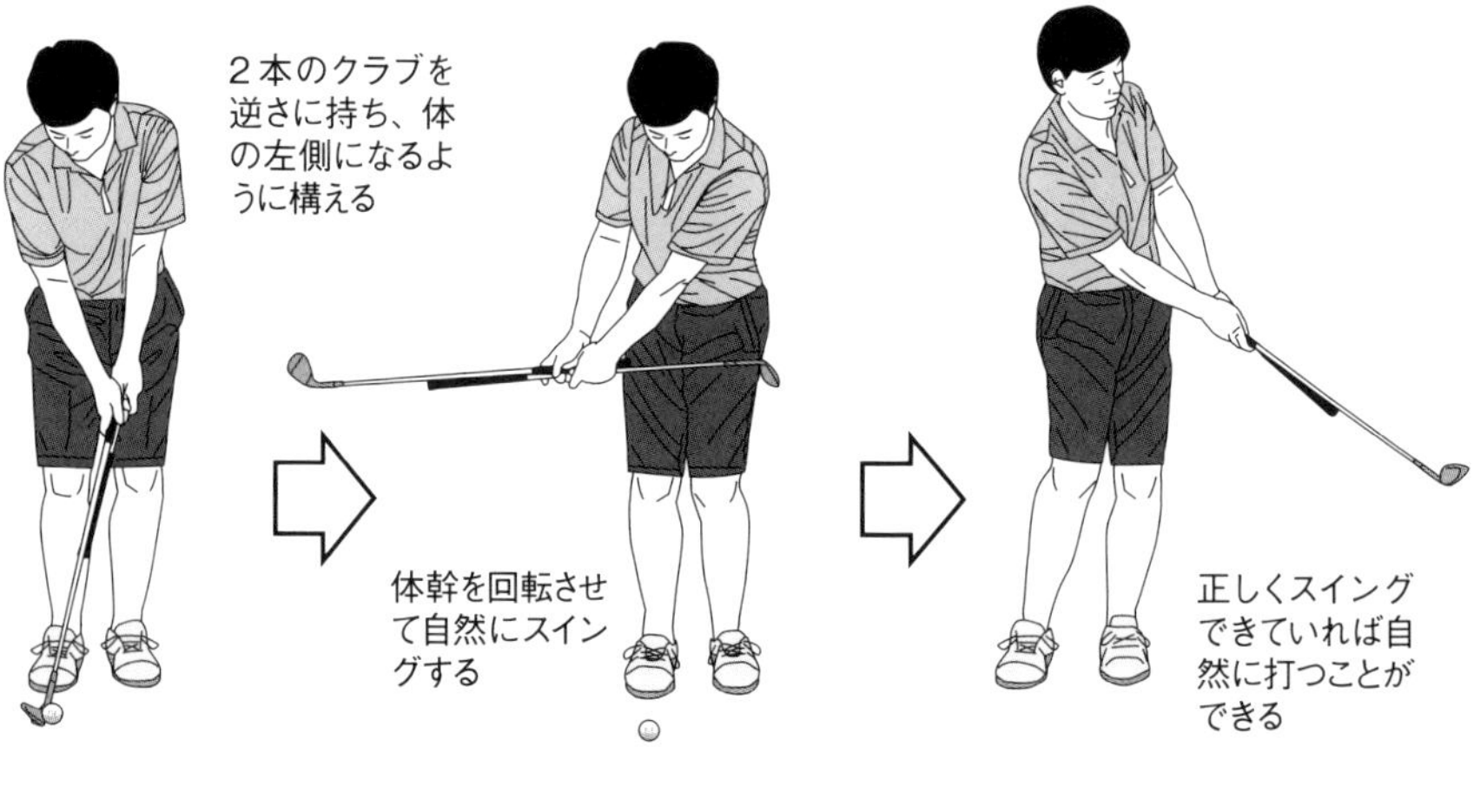
2本のクラブを逆さに持ち、体の左側になるように構える
体幹を回転させて自然にスイングする
正しくスイングできていれば自然に打つことができる

上体を開かないようにするための

クロスハンドドリル

体が開いたり、ヘッドアップの癖を矯正するドリル。クロスハンドに握って強制的に体を開かなくして正しい感覚を身につけよう。突っ込み始めたら、ラウンド中に使うのもいいだろう。

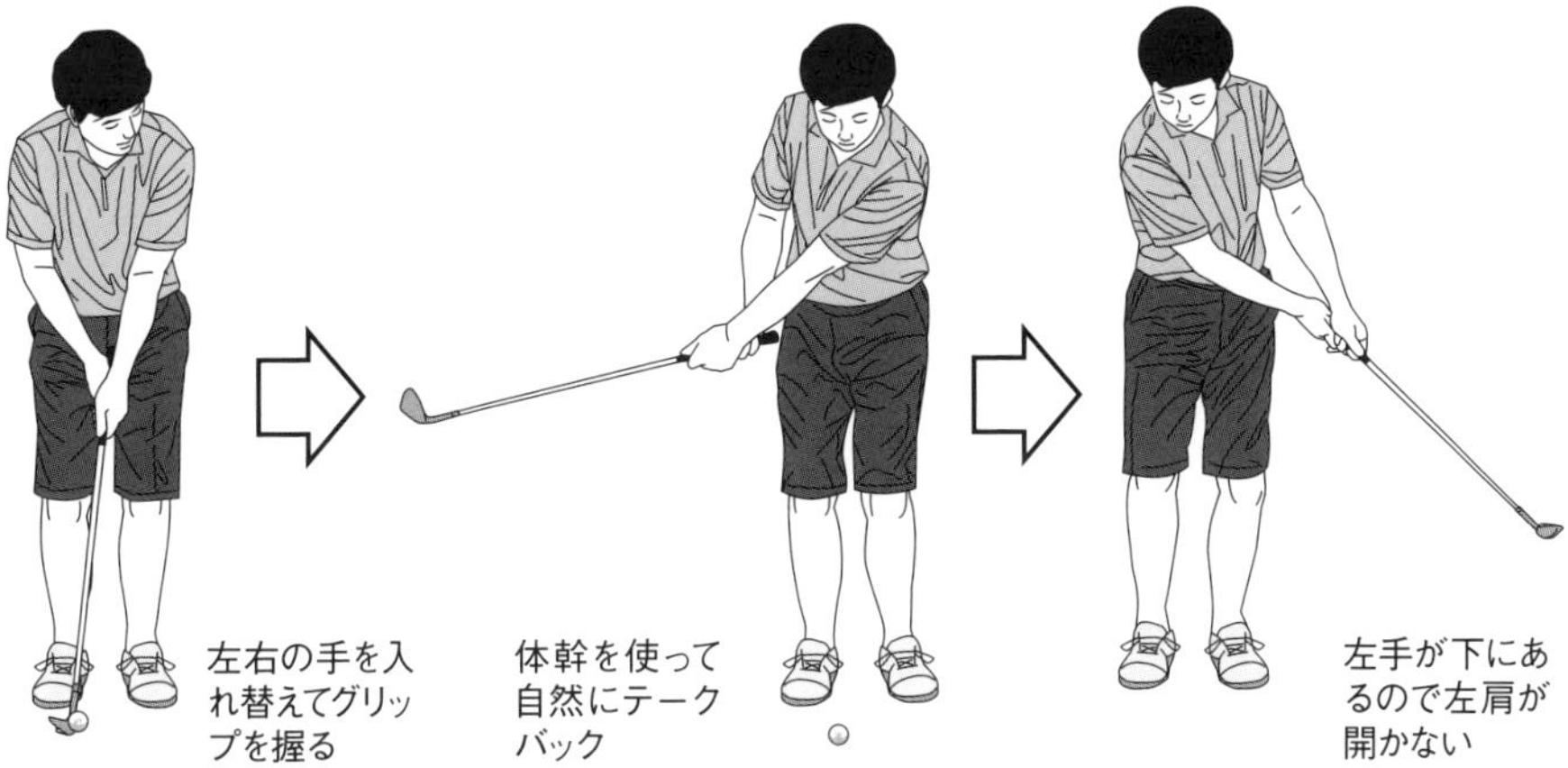
左右の手を入れ替えてグリップを握る
体幹を使って自然にテークバック
左手が下にあるので左肩が開かない

手首でこねてしまう癖を矯正する

手首のコック矯正ドリル

アプローチですくい上げたり、まっすぐ押し出そうとして突っ込んだり体が流れてしまう方に有効なドリル。手首が使えない状態をつくって、体幹からのスイングを習得しよう。

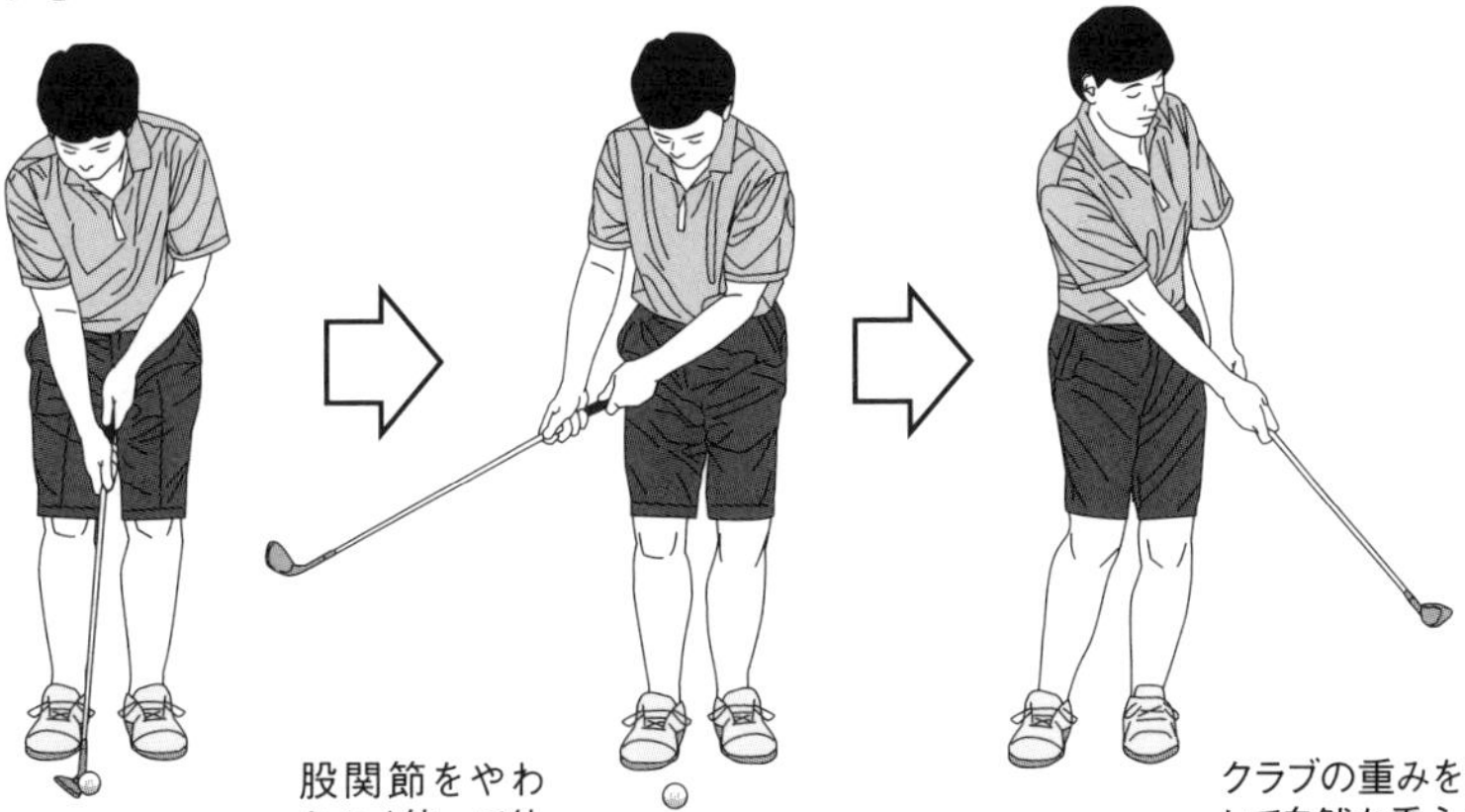
右手と左手を離してクラブを握る
股関節をやわらかく使って体幹をひねる
クラブの重みを利用して自然な重心移動でボールを打つ

監修者

新井 真一 （あらい・しんいち）

1963年、東京都生まれ。日本プロゴルフ協会会員。FLAGS GOLF SCHOOL最高執行責任者。日本大学ゴルフ部出身。国内ツアーハーフ最小スコア28の記録保持者。プロとして様々な国内外ツアー経験、当時USPGAツアーで活躍していたカルロス・フランコ（現・USシニアツアー選手）のキャディ経験、初心者やジュニアから上級者まで数多くのレッスンをもとに独自の理論を確立して指導している

新井プロの所属する
FLAGS GOLF SCHOOL
URL https://www.e-flags.jp/

マンガ ゴルフアプローチ職人

2019年8月15日 初版発行

監修者 新井真一
発行者 富永靖弘
印刷所 誠宏印刷株式会社

発行所 東京都台東区台東2丁目24 株式会社 新星出版社
〒110-0016 ☎03(3831)0743

ISBN978-4-405-08223-6